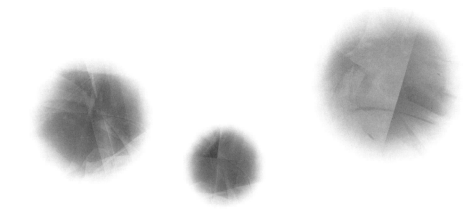

障害児教育福祉史の人物
保育・教育・福祉・医療で支える

小川英彦 著
Ogawa Hidehiko

三学出版

まえがき

　「教育は人なり」「福祉は人なり」は、いつの時代にあっても真理である。

　私たちは、その「人」、とりわけ多くの先駆的実践者、先人が構築した理念、追究し続けたビジョンや生き方など一つひとつから学びとらねばならない。なぜ、障害児の教育や福祉や医療が実践され、どのような想いで展開されたかについて、深く探求される必要がある。そこから今の時代に息づくものを、さらに根強く繁らせることになる。「故きを温ね、新しきを知る」（温故知新）この格言があるように、過去の遺産から学ぶ利点は多いと思われる。教育福祉遺産という視点から歴史上の諸事実をとらえ直すことが求められているともいえよう。

　わが国の障害児（者）の生活と教育は、戦前からの先駆的実践者の長年の文字通り血の滲むような開拓的な努力のもとに向上・発展してきて今日に至っている。その歩みはいばらの道そのものであったはずである。筆者は、障害児の生活問題にかかわる福祉では発達を保障するといった観点がけっこう弱く、一方、障害児の発達にかかわる教育では発達の基盤ともいうべき生活を社会的な問題としてとらえる観点が弱かったといえるのではないかと考えさせられている。

　過去、困難な状況の中で人々の生活と教育を守っていった多くの先人たちがいる。教育や福祉は制度や法律だけで語れるものではない。それを産み出し、実践し、あるいは実現のために努力していった人物の存在は重要である。障害の軽減・克服の必要も含めて、子どもたちの生活、発達を保障する実践は、制度や政策によって外的に規定されたものとして把握するだけで

なく、実践の方法や内容への反省から生起する。

　本書において、先駆的実践者の幾人から導かれる見解として、子どもの発達上の障害を認めつつも、これを固定的にとらえることを拒否している点である。換言すれば、障害の把握によって子どもの発達の可能性を限定してしまうのではなく、むしろ、障害児の生活を保障するという見地から、この子どもたちの獲得すべき生きる力を取り沙汰し、そのために整備すべき教育や福祉の方法や内容を開発していくという考え方である。「障害」「発達」「生活」の三位一体の理解の重要性である。

　今日、障害児（者）の教育と福祉をめぐっては、「インクルージョン」が叫ばれる時代になってきた。「ダイバーシティ（多様性）」の中で、対象となる子どもたちへの対応で、保育、教育、福祉、医療、心理などの分野が密に連携していくことが強く望まれている。特別なニーズをもつ子どもたちへの教育（ＳＮＥ：Special Needs Education）が広がってきている。大きく変動している時代であればあるほど、歴史を紐解き、先駆的実践者の業績に学びつつ、将来を展望することが大切なように思われてならない。

　本書は、書名からして教育と福祉を繋げてとらえていくことを基本の視座としている。それは、障害児はもちろんのことすべての人間がこの両分野を通過して、生涯発達していくはずだからである。

　筆者は、三学出版から 2014年に『障害児教育福祉の歴史－先駆的実践者の検証－』を幸いにも刊行することができた。その目的は、障害児のために真摯に取り組んだ人々の生き方やその思想や行動を深く掘りさげることで、現在の教育や福祉の問題を解決する方向を見出したいと考えた点にある。ここでは、明

治期から昭和期にかけてと広い時代範囲で 6人の先駆的実践者を選択して、第一次研究として試みた。ゆえに、本書は第二次研究の位置づけである。

第一次研究に至る資料発掘、資料総括、原稿執筆の過程の中で、人物に関する研究では以下の諸点をさらに明らかにしなければならないという課題をもつことができた。

第一に、人物を画きながら、しかも社会をとらえなければならないという点である。実践が産み出される社会背景や成立要因に関する事柄である。広い時代範囲で、それぞれの社会の中で生きてきたことに由来する児童問題の時代特徴とでもいえよう。

第二に、先駆的実践者には勇気があり信念がある。こうした内面がどのように支援の内容や方法に反映したかという点である。実践の根本的な思想を明確化する事柄である。

第三に、時代を超えて貫流する特徴点である。たとえ時代が違っても眼前の障害児への支援に不可欠な事柄、たとえば子ども理解、援助者の心構えといった基本などについてである。

第四に、数々の歴史上の人物との出会いが研究者の問題意識や関心を喚起し、研究の方向性を決定づけたりする点である。どのような分野で活躍した人物を選択するかという事柄とでもいえよう。

こうした課題をもちながら、本書では、保育、教育、福祉、医療、心理といった分野で活躍した人物に視座を置くことを大切にしたい。それは、障害のある子どもたちを対象にして、これらの専門分野にはそれぞれ固有の役割はあるものの、各々の分野がつながる事が有効であると言及されることに関心があるからである。リンケージさせる考えがいかなるものかという追求でも

ある。

　最後に、本書は学会誌や研究紀要等で発表してきた研究論文がもとになっているので、巻末の初出一覧にその所収をまとめておいた。今回の刊行にあたっては、初出の論述を若干の修正はしたものの、けっこうそのまま使っていることを断っておきたい。さらに、精神薄弱等の用語をその時代に使用されていたものとして、当時の表記の仕方を基本として記述している。ご理解いただきたい。今回書下した原稿もいくつかあることを加えておきたい。

　本書の第二次研究でも限られた研究報告である。第三次研究としては、愛知における障害児問題や児童養護問題の解決に尽力した人物を報告する予定である。これからの障害児の教育と福祉分野の発展に少しでも寄与できればと願うばかりである。

著者

参考文献

・吉田久一「巻頭言　人物史について」（社会事業史研究会『社会事業史研究』第 12 号、pp. ii 〜 iii、1984 年、不二出版）。

・長谷川匡俊「巻頭言　人物史研究の課題」（社会事業史研究会『社会事業史研究』第 21 号、pp. ii 〜 iii、1993 年、大空社）。

・柴田善守「社会事業史における人物史の課題」（一番ケ瀬康子・高島進『講座社会福祉第 2 巻　社会福祉の歴史』、pp.340 〜 347、1981 年、有斐閣）。

・小川利夫『小川利夫社会教育論集第五巻　社会福祉と社会教育』、1994 年、亜紀書房。

・大泉溥『障害者の生活と教育』、1981 年、民衆社。

目　次

≪医療からの支え≫
第5章　ハンセン病隔離に抗した孤高の医僧 小笠原登の活動と先行研究の検討 ・・・・・ 101

≪治療教育からの支え≫

≪保育からの支え≫

第1章

津守真の障害児保育思想の特徴

第1節　はじめに

　わが国の障害児保育の歴史上、先駆的事業としては1938年に東京広尾に設立された恩賜財団愛育会愛育研究所の活動があげられる。その成果は『異常児保育の研究』(目黒書店、1943年、愛育研究所紀要第3輯)にまとめられている[1]。その第二研究室 (異常児保育研究室) の主任が三木安正 (1913年〜1984年) であった。そこでは、「異常児」と称される子どもたちの中で研究が全くと言っていいほど進んでいない精神薄弱幼児を対象として、1938年に特別保育室を開設して記録や観察を積み重ねて、のちの愛育養護学校設立の萌芽、通園施設家庭指導グループの前身となった。この特別保育室では、「集団」「遊び」「作業」「生活」という4本柱のもとに実験保育が試みられていた[2]。

　本章で取り上げる津守真 (1926年〜2018年) は、大学在学中より同研究所において、障害幼児の心理検査を担当し、戦争で一時閉鎖されていた特別保育室を1949年に中心となって再開させている。まさしく同研究所の活動に参画し運営を支えていたのである。

　以上のように、津守のライフスタイルを児童心理学からスタートしてその後は保育学に転じていくととらえられ、筆者は障害児を支援する上で、心理学と保育学がともに必要とされたという点に関心をもつ。津守の学問上と実践上のダイナミックスさがあるので、本章ではこの点を取り上げて考えてみることとした。

　津守の偉業の中で、たとえば、「省察」概念に代表されるように、理論的側面のみならず実践思想としての側面から、事例研究を含めて保育全般から検討し明らかにすることはたいへんなことなので、ここでは筆者の専門分野の障害児の保育と教育にかかわる側面に焦点をあてて、わが国の障害児保育史における津守の保育思想の展開とその特徴を総括してみる。そして、今日の障害児保育の現状と照らし合わせることで、現

在の保育課題を解決する糸口を導いていきたい。過去・現在・未来のつ
ながりを取り上げることにする。

第2節　津守真の保育研究の展開過程

　堀智晴の見解によると、第1期は発達研究の時期、第2期は研究法
の模索・転回の時期、第3期は愛育養護学校での実践研究の時期、第4
期は保育理論の体系の構築の時期に分けている[3]。

　この展開を大まかではあるが、①客観的実証主義の方法論に依拠した。
②幼児の遊びの本質を科学的心理学の手法で実証的に研究した。③養護
学校での実践をしながら保育実践研究を行った。④それまでの保育理論
を体系的に構築したという特徴があると指摘できる。

　略歴と主著を整理すると次のようである。なお、主要な著作目録につ
いては、別に整理されている[4]。

　略歴
　1926 年　　　　　　　東京に生まれる
　1948 年　　　　　　　東京大学文学部心理学科卒業
　　　　　　　　　　　恩賜財団愛育会愛育研究所研究員
　1949 年　　　　　　　特別保育室 (のちの愛育養護学校、通園施設家庭
　　　　　　　　　　　指導グループ) を再開
　1951 年〜 53 年　　　ミネソタ州立大学児童研究所留学
　1951 年〜 83 年　　　お茶の水女子大学附属幼稚園及び愛育養護学校
　　　　　　　　　　　での子ども理解に立つ研究
　同上　　　　　　　　お茶の水女子大学教授
　1983 年〜 95 年　　　愛育養護学校校長 (校長職と担任を兼務)
　1988 年〜 95 年　　　社会福祉法人野菊寮 (御殿場コロニー) 理事長

1995 年	日本でのOMEP（世界幼児保育・教育機構）世界大会会長
1999 年～2006 年	学校法人愛育学園（愛育養護学校より改称）理事長
2006 年	広島大学よりペスタロッチー教育賞受賞
2018 年 12 月 10 日	ご逝去（享年 92 歳）

主著

1974 年	『人間現象としての保育研究』、光生館
1979 年	『子ども学のはじまり』、フレーベル館
1980 年	『保育の体験と思索』、大日本図書
1984 年	『自我のめばえ』、岩波書店
1987 年	『子どもの世界をどうみるか』、日本放送出版協会
1989 年	『保育の一日とその周辺』、フレーベル館
1997 年	『保育者の地平』、ミネルヴァ書房

第 3 節　精神薄弱幼児のために－試行的実践の開始－

　「精神発達の遅滞せる幼児の保育」の論文は 1950 年に書かれている[5]。研究所での「実際に即してその発展の跡をたどり、考察をしてきた」報告である。津守は精神薄弱児の保育を 1949 年 6 月より週 3 日を研究所において担当している。

　この頃の障害児保育思想をめぐっての主張に次のようなものがある。

　第一に、教育を「発達の過程における環境の与えられ方、小さくいえば親の取り扱い方、又どのような生活経験を与えているか」ととらえている。そして、「精神遅滞児とても生活体であり人間である」という平等感より実践を推し進めている。

　「精神的身体的に発育が遅れているならそれなりに、各発達段階においてそれぞれに応じた適当な環境が与えられねばならないものであり、又それだけのことならば出来るのである」と主張しているが、今日でもこの幼児期における環境設定の指摘は十分通用する先駆的なものである。

　さらに、当時の保育課題として「各発達段階に応じてどの様な取り扱いをなし、どの様な環境を与えたらよいのか、又集団的な教育の場というものは、いつ頃から与えられたらよいのか」として、発達段階に即した保育方法、保育形態に着目して集団保育の実践からの検証を行う必要があると投げかけている。

　第二に、実際の保育場面では、「その上の能力に達するために、それよりやや困難な課題も見出されねばならない」としているが、この観点は、今日的にいえば発達の最近接領域理論に通じると評価できよう。そして「運動機能」「手先の操作」「言語」「音楽」「社会性」「日常習慣の自立」の６つが保育の目標とされている[6]。中でも、基本的生活習慣の確立を「最も具体的であり、最も重要なもの」と力説している。社会性に関しては、「子ども対先生との結合」から「子ども同士の結合」へといった順序性を見出している。子どもに課題を与える場合「その時の要求や興味を無視してこちらの側から課題を強制しても、その努力は徒労に終る」として、興味や要求をまずは大切にするという考えをもっていた。ただ、精神薄弱児は「興味の所在がどこにあるのか明瞭でない場合が多い」こと「自発性を尊重して」課題を与えていくことの困難さを指摘し、障害児保育のたいへんさ・特殊性を指摘している。

　1950年のこの論文では、結びとして「かかる発育遅滞児においても就学前より教育の機会を与えることが出来、もっと研究して改良された教育をするならば、もっとその効果を挙げることが出来るだろうと云う確信を得た」と指摘している。障害児保育への試行的な実践ではあったも

のの、幼児期における場と方法を構築していかなければならないといった今後に向けた提起であった。

　なお、当時の特別保育室の子どもたちについては、7、8歳児各1名を含め、13名が入園し、指導を受けていた。半数はIQ 60～80、残りは検査不能と記載され、自閉症とみられる子どもも入っていた。

第4節　実態把握のために－乳幼児発達診断法の考案－

　津守・稲毛および津守・磯部による『乳幼児発達診断法』の開発は、発達検査の歴史上、アーノルド・ゲゼルの「発達診断」を、わが国で再標準化する際に、母親向き・保育者向きの質問紙に切り換えたという位置づけができる[7]。

　前著の稲毛との共著は、0～3才までを対象にして1961年に初版が出ていて、後著の磯部との共著は、3～7才までを対象にして1965年に初版が出ている。前述したように、子どもの発達を客観的実証科学の方法論に依拠していた時期ともとらえられる。その大きな特徴は、「日常性の中の子どもと母親」であって、子どもの日常生活における行動と、母親による観察と報告を通してである。それと、「表現としての行動」であって、子どもの示す行動は、子ども自身の世界の表現としてとらえることである[8]。お茶の水女子大学附属幼稚園での資料を蒐集しはじめていたことから、後著の方が前著よりも早く刊行に向けての作業にとりかかっていたことになる。なお、同幼稚園では、遊びの本質について保育を生きて動いたままとらえる方法への模索が始まった時期ととらえられる。

　前著では、「具体的行動をみて、その行動は遅れているとか、進んでいるとかを判断することができるが」「けれども、判断は子どもの発達および大人を含めた生活全体の中で、どのような意味をもつものである

か」という診断法作成の根本的な考えを示している[9]。後著では、「発達の過程を主として幼稚園における生活場面に即して」「項目の年令配当の妥当性をみ、教育的意義について考察」してある[10]。ここでは、生活との関係の中で障害児の実態把握を打ち出している点を見落とすことはできない。

　検査項目は、妥当性と信頼性の検証を経て、0才133項目、1〜3才131項目、3〜7才174項目、総計438項目から成っている。これらが発達の5側面である①運動、②探索、③社会、④生活習慣、⑤言語に分類されている。この438項目の質問項目については、大人と子どもとの関係における文脈から書かれ、やはり子どもの生活全体を重視している点がある。今日的にいえば、生活の土壌の中で子どもは発達する過程を明らかにしようとしているのである。

　本章では、当時の主流の診断法の考えでは、対象児を検査室に呼んで課題についてできるか否かを判定することで実施されていた。ところが、津守によると母親への面接質問によるという点で大きく異なる。すなわち、対象児のその時の状態によって左右されるのではなく、日常の生活全般の行動に基づいて判定ができるという点に、生活の中で子どもの全体像を得ることができる点を評価したい。

　発達診断法作成への契機としては、一つに、ゲゼルの乳児研究にふれたこと、大学時代に築地西本願寺の浮浪児調査や今井館日曜学校における聖書のおはなし会での子どもとのかかわり、大学卒業後に愛育研究所の乳幼児室での母親相談、特別保育室を設置し障害のある幼児の保育を始めたことにあった[11]。

　なお、母親や保育者向きの質問紙になっていることは、愛育研究所研究員であった時代に試みたふたつの発達検査が一定影響しているのではないかと思われる。

　一つは、1939年刊行の『乳幼児の精神発達』である。その中に「乳幼

児精神発達検査」が所収されているが、「一般家庭において親がその子を簡易に測定し得る・・・普通程度の教養の母親ならば容易にその子の精神発達を測定し得るような方法を作製する」ことから、母親の測定を指摘している[12]。そして、乳幼児検査の意義の第三番目に「子どもの自然性を重んずる」として、「乳児は元より幼児に於ても所謂検査をしていると云う印象は与へず、子どもの自然の生活即ち遊びの場面に於て検査せねばならぬ[13]」という観点が、津守の園生活に即したという検査法につながっているのではなかろうか。

　二つは、1942年刊行の『乳幼児精神発達検査概略』である。ここでは「保母や母親も比較的容易に使用する・・・国民学校に入学前に全入学予定児童を検査して、精神薄弱児を識別する」という目的から実施されている。その有効さとして、今までの検査では不可能であった乳児および幼児、精神薄弱児、言語障害児と精神薄弱児の区別を指摘している[14]。ここでは、戦前における三木を中心とした研究所での検査から実験保育へといった今日的にいえば早期発見から療育へのシステム化への先駆けをみることができる。

　以上、愛育研究所における発達検査の展開をながめてみると、当初は乳幼児の精神発達状況を調査する目的であったものの、次第に精神薄弱児の選定、母親による育児の科学化の手段として推奨されるように変化していることが明らかである。

第5節　特別保育室での障害児保育

　戦後、特別保育室再開の契機になったのは、「発達検査をして、その結果を伝えた親御さんから、うちの子が遅れていることはよくわかっている。そんなことを聞きに来たんじゃない。こういう子どもをどこで教育してくれるのか[15]」という相談であった。当時の愛育会教養部長の牛

島義友との話し合いの結果、教養部長室を開放して保育室に充てて保育
を行ったことが、後の愛育養護学校へと枝分かれしていった。

　津守は、初め愛育病院の新生児室と乳児室において活動を開始し、そ
の後愛育研究所に相談部ができたので「乳幼児精神発達検査」をしなが
ら相談活動をするようになる。精神薄弱幼児を対象に、診断はするもの
の、その後どうするのかということから、週 2 日研究室を開放して、障
害のある子どもの保育を開始している [16]。

第 6 節　私立校の愛育養護学校での障害児保育

　愛育養護学校は、前述したように、1938 年に母体である愛育研究所
が設立されたときに、特別な支援が必要な子どもたちのために設けられ
た特別保育室に始まる。戦後の 1949 年に再開され、同研究所に精神薄
弱幼児の治療教育のための通園施設家庭指導グループが 1964 年に設け
られ、研究員の津守がこのグループの指導の担当者になる。同養護学校
は、1955 年 6 月 14 日に学校教育法の養護学校として都知事の認可を受
けた、わが国における幼稚部をもつ先駆的な私立校の養護学校のひとつ
である。社会福祉法人設立による養護学校ゆえに、教育（文部省）と福
祉（厚生省）の行政の谷間にあって、助成金を受けられないという困難
がかなりあった中での尽力であった。

　「当時の特殊教育界はまだまだ未開の地であり、世間からは特別視さ
れた陽の当たらぬ場所であった [17]」。私立校であることから、公立校に
入れない子どもを対象としていたので、Ｉ Q 20 〜 30 台といった重度
の子が相当多かったようである。幼稚部から入学させていたが、保護者
には付き添うことを求め、「保育場面を観察できる 2 階に待合室を作り、
2 時の下校まで母親たちはそこで過ご [17]」す日課となっている。ここで
の教育はもちろんのこと保護者支援にもかなりの労力を費やしていた

証として『親たちは語る―愛育養護学校の子育て・親育ち―』の著書の中で多くの親による共同執筆がなされている[18]。同校での保護者支援は、保護者ひとり一人の考えや価値観を育むこと、保護者の内面世界と現実生活に抱える困難さと向き合えるように支えることを基本としていると読み取れよう。育てることの共同性に立脚したものと評価したい。

　1983年お茶の水女子大学を辞職し、愛育養護学校の校長となり、毎日を子どもたちと共に過ごすことになる。「1日、保育の現場に出ることは一冊の本を読むようなものだ。理解しながら読むこともできるし、訳の分からぬまま読みとばすこともある[19]」と校長になったときの感想を語っている。

　この養護学校においては、保育の実際の場にわが身をおき、いつも子どもたちとともにいる立場から、自ら実践をしながらの保育実践研究をしていった時期ととらえられる。「保育の一日」と称されるように、一日を保育の単位として、日々の実践と、実践のあとに考える活動（スタッフとのミーティング）と、その両者を合わせたところに保育があると考えられていた。保育の場を共にしている教員たちと話し合うことにより、子どもの全体像がみえてくる、次への保育の質向上についてである。まさしく「省察」であった。

　「この学校にくれば自分が主人公になって遊び、活動し、くつろぐことができる、そういう学校を私はつくりたい[20]」と述べているように、まさしく、教員とともに子どもたちが育つような保育的関係をつくりあげることを課題とした、新しい学校づくりから校長職に就いている。根底には子どもが主人公である学校づくりであり、校長と教員の両者が実践者として共同する考えのもと展開されていた。障害のある子どもたちは、多かれ少なかれ、社会生活の中で、誤解されたり、自分の存在の価値を疑うような体験を余儀なくされている。今日的にいえば、二次的障害の軽減の発想からの居場所づくりでもある。

　幼稚部と小学部では「教育目標」と「教育目標を達成するための基本方針」が掲げられている。教育目標の主語は子どもであり、教育方針の主語は教員である。前者は、子どもの意見表明権を大切にするといった観点が流れているともとれる。そこでは、あえて「方法」という用語を使わず、生活のあり方（共同の生活、他の人とのかかわり）、基本的な体験をまず重視することを力説している[21]。それは、子どもたちに働きかけるためのカリキュラム、教員が主導するカリキュラムに沿った指導ばかりを優先するのではないといった点を強調しているとも読み取れよう。

第 7 節　津守真の障害児保育思想の特徴

（1）キリスト教信仰に裏うちされた保育観

　津守の障害児保育観の根底にあることと思われる。この点に関しては、たとえば、愛育養護学校校長時代に、朝に聖書を読んでから、子どもを受け入れる心構えをしていたことがある[22]。精神薄弱者のよき隣人となることを妨げているものとは何かというとらえ方[23]、著書の中に聖書のヘブル人への手紙13章やマタイ伝12章からの引用などがある。また、日本基督教団宣教研究所第三分科から『日本人の価値観』を共著刊行し調査項目を作成している活動も興味深いものであり加えて指摘しておきたい[24]。

　人格者として、「広範囲で深さのある対人的態度そのもの、キリスト教的世界観に伴い・・・氏の精神の基層には『人への無謬の信頼』というべきものが潜んでいる・・・人間一般を無前提的に肯定する心的傾注に他ならない[25]」といわれる点に特徴があろう。

　終戦後、内村鑑三の聖書講堂として知られる今井館日曜学校に参加して、子どもたちに聖書の話を聞かせる活動を通して、子どもと付き合う

こと[26]の大切さを体得していることが、その後の実践と研究を一体化させる考えを深めていった重要な契機になったと考えられる。

「神は細部に宿る」と寄せ書きするように、信じることと保育実践の間を往復するスタイルであったと指摘されることもある[27]。

(2) 子どもの生活に参与する保育観

一層子どもの世界を理解するためにはどのような研究方法論が妥当なのであろうか。お茶の水女子大学附属幼稚園での遊ぶ姿こそが、その後の子どもの生活に参与するスタイルへと変化していったと考えられる。特に大学から愛育養護学校に転任した際には大転換期であったに違いない。

子どもたち一人一人の生きることの充実を援助するべく、子どもたちとともにいようとする。子どもとの新たな出会いを重要視し、子どもとさまざまな体験をして、他者から学び自分の理解を深めていくプロセスである。

ペスタロッチーの「保育の実践の場に身を移し、いつも子どもとともにいる者となった[28]」であった。子どもを外部からとらえるのは不十分であって、内的な応答こそが保育には不可欠であるとする立場からである。保育では、ひとり一人の子どもに直接触れて、子どもに応答する。子どもの行動を内なる世界の表現と考えると発見がある。表現をどう読むかは保育者に委ねられるものであるが、今日的にいえば、障害児の行動を「困った子」と否定的にとらえるか、「困っている子」と肯定的にとらえるかによって、その次の支援が違ってくる。保育実践はまず子どもの世界を共感することであり、共感的理解、すなわち内的理解を重視することになるのである。

この子どもたちとの相互性の中に、保育者は発見の喜びと、その保育展開をみる楽しさがあるからである。「子どもと相当の時間を、無心に

なって応答し、子どもの世界に浸るようにしていると、最初はほとんど意味の分からなかった子どもの行為が次第に見えてくる[29]」といわれるように、子どもがみえてくる点への注目である。それは、保育者の子どもをみる眼の育ちに応じてしか子どもはみえてこないといったことにもなろう。

　保育方法については、子どもが生き生きするための保育、遊びの生活をつくるには次の3点をポイントとして掲げている。①子どもが自分から始めたことを大切にする。②子どもがすることを「困った」と思わないような考え方をする。③自然のリズムを大切にするである[30]。

　障害児保育・教育の今日までの実践史において、障害・発達・生活の3つの視点から子どもを理解する必要さが確認されてきているが、まさしく子どもが日々を充実して生きることができるようにすることを主たる課題とした生活の重みへの指摘である。一つ屋根の下でともに生活しているからこそ、わかることである。その子なりのペースで動く場の確保への実践提起である。たとえば、朝の登園時間をそんなにきつく決めるのではなく、子どもに合わせてゆとりをつくることによって親子が生活しやすくなる、子どもの意欲につながる工夫などが実践されている。

(3) 発達を促す遊びの重視

　幼児の生活の中心になるのが遊びである。遊びは「それ以外のことに目的を持たない生活である。それをやることがおもしろくて、楽しみで、また張りがあって、自分の生活をそこに打ち込んでいくことができるようなもの、それが、遊んでいる姿というものだ[30]」ととらえている。もともと心理学からスタートした津守らしさは、遊びを通した内面の充実を大切にする面にあろう。

　幼児の一日の生活は遊びに始まり、遊びに終るといっても過言ではない。その中で幼児自身がどのように考えたり、工夫したり、友だちと相

互交渉したりしながら生きる力を獲得しているかに着目している。そこでは、「保育は子どもの生みだす遊びの無数のつながり」「保育は、遊びのつらなりとして見る事が出来るようになると、子どもの姿が急に、生々と浮かびあがって見えて来る[31]」と考えられていた。

　保育の過程については、①出会うこと、②交わること、③表現と理解、④省察することへと保育観が変遷している[32]。この過程の中で、子どもが人間として育つこと（生涯発達）を考えているが、①存在感、②能動性、③相互性、④自我に注目して発達が獲得されるとしている[33]。

　また、発達は、「直線的に進むのではなく、前進、後退、停滞などをくりかえしながらジグザグになされるものであり、そのプロセスの中ではいざこざや葛藤、ゆれなどが重要[32]」とされる。子どもによっては、発達過程における退行現象がみられることからこうした指摘があったものと思われる。

　その発達を促すために、①歩くこと、②手を使うこと、③見ること、④聴くことに重視して保育を行っている点は注目できる[34]。ここでは、①の身体運動の意味に目をつけ、遊びは体を動かす身体運動が根本であって、この運動を通して、外の世界を知っていき、知識を獲得する点である。②の手の働きに関しては、触覚を主とする感覚教材の有効性を説いている[35]。

(4) 幼児教育と障害児教育の共通性に気づいた保育観

　「ことばの上では幼児教育、特殊教育といういかめしい違いがあるが、実際に子どもにあたった感覚には、両者に、はなはだ似た点があるわけ[31]」と言及されるように、すべての子どもへの普遍的な保育や教育のあり方を模索していたのである。両者では、人間の文化の根底にあるところのものを育てるという非常に重要な機能・役割を果たしていると指摘する。

　「共感する子どもの世界を探求していくと、普遍的な、人間の原型に

ゆきあたる。この人間に共通の普遍的な心の世界を深めることによって、子どもに共感することが、よりよくできるようになる[36]」という主張より、子どもの行動の普遍的意味への着目なのであろう。

(5) 社会の動向を見据えた保育観

「今日の人材養成に対して、知的促進教育の風潮を、生産性を重視するところに真の喜びがあるだろうか[37]」と批判したりしている。また、「保育が子どもを遊ばせる小手先の技術にのみ惰していることの問題点を指摘・・・園が生活習慣のしつけ、善悪のけじめ、忍耐力などの訓練の場であるという考え方が一般社会で歓迎される風潮がある (32)」ことへの批判である。

さらに、2006年11月27日に開催されたペスタロッチー教育賞の受賞記念講演では、「児童福祉施設最低基準の形骸化を推進する行政の動きとそれに伴う幼児の環境の悪化と保育者の困難を指摘している。加えて、日本国憲法を変えるという動きに対して、深い憤りと危機感をもっていた[38]」のである。

「保育所設置基準を守らなくても簡易に保育所がつくられるようになって、幼児の環境の悪化は一層ひどくなった。保育者の研修時間が減り、保育者同士が互いに理解し合うことが困難になり、大人の管理が窮屈になっている[39]」といったこれからの保育の質につながる指摘もあった点を取り上げておきたい。

第8節　おわりに

今回、津守の先駆的な障害児保育思想の検討について筆を置くにあたって、筆者も約40年間障害児の保育と教育の研究と実践に携わってきたことから若干の感想を述べておきたい。

　第一に、障害を全面に出すのではなく、障害に目を奪われて子どもが
みえなくなるのではいけないといった警鐘を促している。決して、障害
をないこととしたり、個性であると言ったりしているわけではなく、多
様な障害児の中で、子ども自身のありのままの姿やあり方と出会うこと
を最優先しているのである。

　子どもと大人が交わっていくのが保育であって、子どもにふれること
によって、実に多くのものを教えられていくという考えである。人と人
の関係において支えられている部分が大きいといったとらえでもいえよ
う。「診断名や呼び名に振り回されてはならない。その子と直接にふれ
て、そこでわかったことを実践の根拠とすることから保育は始まる[38]」
とされる。終局的には、障害のある子どもへの配慮を必要とする保育は
あるものの、特殊な障害児保育はないということにもなろう。普遍性を
重視している点である。

　第二に、津守の保育観は、非常に「奥深い」ものがあると感じた。そ
れは、研究者でありかつ実践者の両者からくるものである。子どもの尊
厳を根源にもち、子どもたちとともに生き、育ち合う関係だからこそ見
えてくるという理解が保育思想の広さを醸し出している。子どもを決し
て外面的にみるというのではない。障害のある子どもと同等に生きる、
当事者のように生きることが「地平に立って」なのであろう。さらに、
その広さは「児童心理学から、やっとの思いで保育学の学徒へと転回す
ることが出来た。その過程は長い志への道[39]」からくるものであろう。

　第三に、集団を大切にしていた点である。子ども、保護者、保育者・
教員それぞれの力が発揮されるような場を作りたいという願いがあっ
た。そのひとつが、「省察」する場でもあった。加えて、「豊かな自然、
豊かな時間・空間、豊かな人間関係、高尚な精神[40]」を求めていた点で
ある。

　子どもを理解することを保育の要、核心とする津守の残した障害児保

育思想を後世に伝えておきたいものである。

≪　附記　≫

　本章では、注で引用した著書・論文の表記を大切にしたいという筆者の思いから、保育者・教員、保護者・親、保育・教育、精神薄弱・精神遅滞・ちえ遅れの用語を各所でそのまま使用したことを断っておきたい。

注
1)　小川英彦「歴史的経緯と現状」（今塩屋隼男『障害児保育総論』、pp.12 〜 15、1998 年、保育出版社）。
　　戦前における愛育研究所創設の経緯は、1934 年 3 月 13 日、御誕生を機に昭和天皇から伝達された御沙汰書をもとに設立。同年 5 月、社会の実情に即した科学的な研究を行い、その成果を実際に応用するために各界の権威者を委嘱して、愛育調査会を設置。1938 年 11 月、愛育調査会の事業を発展させ、児童及び母性の養護、教育に関する総合的研究を行うため愛育研究所を開設。同年 12 月、臨床部門として、愛育医院を開設。（日本子ども家庭総合研究所「児童福祉問題調査研究事業」）。
2)　三木安正の障害児保育史に果たした役割については次の拙稿で指摘した。
　　小川英彦「戦前の障害児保育と三木安正」（愛知教育大学幼児教育講座『幼児教育研究』、第 13 号、pp.1 〜 6、2007 年）。
　　小川英彦「戦前における障害保育に関する研究－保育問題研究会機関誌『保育問題研究』の記述を整理して－」（愛知教育大学幼児教育講座『幼児教育研究』、第 14 号、pp.11 〜 18、2009 年）。
3)　堀智晴「保育実践研究法（2）－津守真氏の「子ども理解」について－」（Japan Society of Research on Early Childhood Care and Education、pp.560 〜 561）。
4)　「津守真先生　著作目録」（『発達』、№ 88、p.82、2001 年、ミネルヴァ書房）。
　　「津守真　著作目録」（『発達』、№ 160、pp.118 〜 119、2019 年、ミネルヴァ書房）。

5) 津守真「精神発達の遅滞せる幼児の保育」（特殊教育研究連盟　代表三木安正『精神遅滞児教育の研究』、pp.65 ～ 86、1950 年、牧書店）。

6) 茂木俊彦は津守の指摘した運動機能・手指の操作・言語・音楽・社会性・日常習慣の自立の 6 つの保育目標と三木の集団・遊び・作業・生活の 4 つのカテゴリーについて指導技術という用語を使って対比指摘している。そこでは、両氏の詳細な実践経過の記録から心理学的特徴の解明と指導技術への指摘がなされているとしている。津守は前掲書 5) から、三木は『精神薄弱教育の研究』、1943 年、日本文化科学社からの引用による。（茂木俊彦「戦後における精神薄弱児の幼児教育－三木、津守両氏の研究を中心に－」（全日本特殊教育研究連盟『精神薄弱児研究』、163 号、pp.8 ～ 11、1972 年）。筆者は、津守にあたってはどのような力を育てるのかといった目標概念、三木にあたってはどのような場で育てるのかといった領域概念として指導技術をみることができると考えている。

7) 生澤雅夫「発達検査の歴史－統計と標準化の問題－」（前川喜平・三宅和夫『別冊発達 8』、pp.22 ～ 31、1988 年、ミネルヴァ書房）。

8) 岡本夏木「津守・稲毛・磯部式乳幼児精神発達質問紙法」（『発達』、No. 88、pp.19 ～ 22、2001 年、ミネルヴァ書房）。

9) 津守真・稲毛教子『乳幼児精神発達診断法　0 才～ 3 才まで』、1961 年、大日本図書。

10) 津守真・磯部景子『乳幼児精神発達診断法　3 才～ 7 才まで』、1965 年、大日本図書。

11) 友定啓子「乳幼児精神発達診断法と津守真」（『発達』、No. 160、pp.44 ～ 49、2019 年、ミネルヴァ書房）。

12) 鈴木朋子「愛育研究所における乳幼児精神発達検査の発展」（『日心第 82 回大会』、1. 原理，方法　p.11、2018 年）。

13) 恩賜財団愛育会愛育研究所『乳幼児の精神発達』、p.3、1939 年、目黒書店。

14) 恩賜財団愛育会愛育研究所『乳幼児精神発達検査』、pp.1 ～ 2、1942 年、目黒書店。

15) 「津守真先生へ送る言葉－『津守真先生を追悼し語らう会』から－」（お茶の水女子大学『幼児の教育』、第 118 巻第 4 号、pp.4 ～ 19、2019 年、フレーベル館）。

16) 無藤隆「人間の学としての保育学への希望」（『発達』、No. 88、pp.69 ～

81、2001 年、ミネルヴァ書房）。

17)　藤原陽子「ちえ遅れの子供たちと共に－愛育養護学校 10 年の歩み－」（津守真『私の特殊教育－精神薄弱児の治療教育　シリーズ④－』、pp.77 ～ 90、1974 年、慶應通信）。

18)　愛育養護学校（幼児期を考える会）『親たちは語る－愛育養護学校の子育て・親育ち－』、1996 年、ミネルヴァ書房。

19)　津守真『保育者の地平』、p.2、1997 年、ミネルヴァ書房。

20)　津守真「愛育養護学校の教育」（『発達』、№ 36、pp.2 ～ 3、1988 年、ミネルヴァ書房）。

21)　西原彰宏「愛育養護学校のカリキュラム」（津守真、岩﨑貞子『学びとケアで育つ－愛育養護学校の子ども・教師・親－』、pp.248 ～ 279、2005 年）。

22)　澤田忍・山田陽子・西原彰宏「愛育養護学校と津守真」（『発達』、№ 88、pp.50 ～ 59、2001 年、ミネルヴァ書房）。

23)　津守真「精神薄弱者のよき隣人とは」（津守真『私の特殊教育－精神薄弱児の治療教育　シリーズ④－』、pp.125 ～ 127、1974 年、慶應通信）。

24)　小林公一・津守真『日本人の価値観』、pp.5 ～ 6、1963 年、日本基督教団出版部。

25)　本田和子「一人の教師としての津守真」（『発達』、№ 88、pp.7 ～ 12、2001 年、ミネルヴァ書房）。

26)　大戸美也子「津守真の『発達・保育研究活動』と『ＯＭＥＰ活動』との関係」（『発達』、№ 160、pp.55 ～ 55、2019 年）。

27)　西原彰宏「一人ひとり天から授かったよいものをもって－個人の尊厳ということ－」（津守真・浜口順子『新しく生きる－津守真と保育を語る－』、pp.77 ～ 85、2009 年、フレーベル館）。

28)　堀智晴『保育実践研究の方法－障害のある子どもの保育に学ぶ－』、p.17、2004 年、川島書店。

29)　津守真『子どもの世界をどうみるか－行為とその意味－』、p.212、1987 年、ＮＨＫブックス。

30)　津守真「遊びと保育」（津守真『知恵おくれの幼児の教育－精神薄弱児の治療教育　シリーズ⑤－』、pp.18 ～ 41、1974 年、慶應通信）。

31)　津守真「精神薄弱幼児の指導」（牛島義友『この子らに何を学ぶか－精神薄弱児の治療教育　シリーズ⑥－』、pp.194 ～ 225、1980 年、慶應通信）。

32）　森上史朗「津守保育論に学ぶ」（『発達』、№. 88、pp.33 〜 41、2001 年、ミネルヴァ書房）。

33）　津守真「乳幼児精神発達診断法」（『別冊発達 8 －発達検査と発達援助－』、pp.138 〜 145、1988 年、ミネルヴァ書房）。

34）　津守真・津守房江『出会いの保育学－この子と出会ったときから－』、pp.19 〜 150、ななみ書房。

35）　津守真・西山恭子・堤順子・川島杜紀子・藤代節子「感覚教材の自己活動に対する効用について」（津守真『知恵おくれの幼児の教育－精神薄弱児の治療教育　シリーズ⑤－』、pp.87 〜 113、1974 年、慶應通信）。

36）　本田和子・津守真『人間現象としての保育研究』、pp.3 〜 8、1974 年、光生館。

37）　榎沢良彦「津守真保育論と愛育養護学校」（『発達』、№. 160、pp.20 〜 25、2019 年、ミネルヴァ書房）。

38）　津守真「差異を差別ではなく学びへと転換する」（津守真・浜口順子『新しく生きる－津守真と保育を語る－』、pp.70 〜 76、2009 年、フレーベル館）。

39）　津守真『私が保育学を志した頃』、p 1、2012 年、ななみ書房。

40）　前掲書 39）pp.315 〜 320。

コラム

三木安正（1913 年～ 1984 年）

　わが国における障害児保育の開拓者である。幼児教育と精神薄弱児教育に携わる。1936 年東京帝国大学心理学科卒業。大学院時代に城戸幡太郎によって児童心理学を学ぶ。

　①東京帝国大学医学部附属の脳研究室における活動、②保育問題研究会における活動、③愛育研究所における活動と大別することができる。

　脳研究室時代は、1936 年春から 1938 年秋までの約 2 年半の期間である。同研究室には、村松常雄の進言で児童研究部が設置され、障害幼児の相談活動がいち早く展開された。三木は、ここで受付から知能検査までほとんどの実務を任され、と同時に臨床的経験を深めていった。心理研究部には病理心理学、犯罪心理学の権威者であった吉益脩夫がいて、三木はその助手として能力を発揮した。また、村松と吉益の共同研究「東京市不就学児童の精神医学的調査」が実施され、就学猶予免除を余儀なくされている精神薄弱児に対して、積極的な施策の必要性を唱えている。知能検査の結果はひとつの指標であり医学的根拠であるものの、社会的、心理的、教育的な相関から子ども全体をとらえていくことを提起している。

　保育問題研究会は、1936 年に城戸を中心に研究者と保育者の間で結成されているが、三木は、「困ッタ子供ノ問題」「問題児の個別的指導研究」の部門で責任チューターとして第三部での指導的役割を果たしている。そこでは、理論的研究、実際的研究、調査活動を柱立てとして、「幼稚園・託児所に於て取扱ひに困る子供の調査」を行ったり、新たな特殊幼稚園の設立（愛育研究所の異常児研究室での実験保育へ）、統合保育

への志向などを投げかけたりしている。

　愛育研究所は、1938年に開設され、保健部と教養部から組織され、特に、後者においては第一研究室（精神発達）に牛島義友、第二研究室（異常児）に三木、第三研究室（保育）に山下俊郎がそれぞれ主任となっていた。三木らの研究成果は『異常児保育の研究』（愛育研究所紀要第3輯、1943年）にまとめられ、現在でも貴重な記録となっている。

　その後、1946年には文部省教育研修所所員となり、戦後の特殊教育の実践と研究の開拓者となる。小杉長平を担任とした大崎中学分教場の設置、杉田裕らの多くの研究者を輩出した。さらに、全日本特殊教育研究連盟を結成したり、旭出学園を設立したりしている。主著に『私の精神薄弱者教育論』（日本文化科学社、1976年）などがある。

参考文献
・小川英彦「戦前の障害児保育と三木安正」（愛知教育大学幼児教育講座『幼児教育研究』、第13号、2007年）。

≪教育からの支え≫

第 2 章

戦後の障害児教育実践記録との対話

第1節　はじめに

　障害児教育においても、現状を分析し、評価し、これからの展望を築いていくためには、これまでの過去の経緯に熟知することは不可欠である。本章では、今日に至るまで多くの障害児教育を担当してきた実践者の中より、大きな転換をもたらしたと考えられる先人を取り上げる。特に、授業を切り拓いた、当時を新しい観点に立ちリードした研究運動に注目して人物を選択してみた。これらの人物には一定の論理性があるからである。

　今日の授業に関する研究動向をながめてみると、①通常の学校・学級における特別なニーズ教育・授業理論をどのように発展させるのか。

　②多様なニーズのある子どもたちに形成する諸能力をどのようにとらえ全校的構築をはかるか。③子どもの可能性を引きだすための授業方法の開発をどのようにするかなどの教育課題がある。

　「温故知新」という格言のように、教育の今日的課題を解決できるために、障害児教育の歴史をよりよく理解し、授業の質をより促進し得るようなひとつの提言になればと考えさせられる。

　先人たちは、今後の教育実践・授業づくりの先駆けとなればという思いを抱いて、懸命に努力し、開拓してきたのである。歴史的な教育遺産から学ぶねらいはここにあろう。以下に先人の実践ポイントを紹介する。

第2節　学校づくり、地域づくり－保護者の要求、教育権を大切に－

　青木嗣夫（1928年〜1995年）は、京都府与謝郡桑飼村で生まれる。1948年京都師範学校本科を卒業し、故郷の桑飼小学校に着任する。1951年同小学校の障害児学級の担任となる。1954年に宮津小学校に転

任し障害児学級の担任をしつつ、与謝の海養護学校開設準備室を担当する。1969 年京都府立与謝の海養護学校が仮開校、高等部教育から出発しているが、教諭、副校長、教頭、校長として 15 年間在職した。その後、野田川町立三河内小学校、紅陽中学校に異動する。著書に『未来を切り開く障害児教育』(鳩の森書房、1970 年)、『僕、学校に行くんやで』(ぶどう社、1972 年)、『育ち合う子どもたち』(ミネルヴァ書房、1973 年)、『君がいて、ぼくがある』(ミネルヴァ書房、1976 年)、『僕らはみんな生きている』(あゆみ出版、1978 年) など多数。

　わが国は 1979 年に養護学校義務制を施行する。それまでは多くの障害児は学校へ行けなかった。行けないどころか、ある調査では、不就学障害児の死亡率は学校在学児の数十倍という結果が報告されている。「学校に入るなということは、生きるなということ」だったのである。文部省は通達で多くの障害児を「教育にたえることのできない」者とし、就学猶予や免除を強いた。青木らの取り組みは、こうした状況に抗して、障害児を教育から排除するという文部省の特殊教育政策へのアンチテーゼだった。

　1960 年代後半に入ると、障害児を育てる保護者、教職員を中心に、「学校に行きたい、友だちがほしい」を合い言葉に教育権保障を求める運動が京都北部をはじめ全国各地で展開された。1978 年に「京都府における障害児教育の推進について」をまとめ、養護学校義務制をめぐって先駆的働きをしている。

　この運動によって設立された与謝の海養護学校は、学校設立の基本理念を 3 つまとめた。①すべての子どもに等しく教育を保障する学校をつくろう。②学校に子どもを合わせるのではなく、子どもに合った学校をつくろう。③学校づくりは箱づくりではない、民主的な地域づくりである。ここからは、障害児学校に限らずすべての学校がめざすべき学校像を学ぶことができる。さらに、「重度は学校の宝」と位置づけ、保護者

の要求によって、対象となる子どもの障害の種類や程度の広がり、学校規模も拡大し、教育内容をも変えていった。設立運動の中から、障害児の人間的発達を保障し、すべての子どもに等しく教育を保障する体制として、常駐の校医、看護婦の配置の要求、子どもと教職員の集団づくり、後期中等教育の保障、学校は地域の砦などに特徴がある。なによりも、基本理念を掲げ基本的人権を侵すことのできない永久の権利とし、人間の尊厳を確立するための不断の努力をしたものとしての意義をもつ。学校を設立させた運動は学校づくりで終わらずに、地域に発達保障のネットワークを築くといった偉業を成し遂げたのでもある。まさしく既存の概念を、既存の制度を超え新しく創造されなければならない課題、新しい学校づくり、地域づくりが力強く進められた。

第3節 教育課程づくり

(1) 喜田正美の町田養護学校での実践－カリキュラム構想－

　喜田正美 (1928 年～) は、東京で生まれる。1948 年より杉並区立阿佐ヶ谷中学校で教師生活を始める。1960 年より小金井市立小金井小学校の障害児学級を担任し、その後都立八王子養護学校、町田養護学校、杉並区立済美養護学校等を歴任後、1986 年に定年退職を迎える。著書に『障害児の発達と教育課程』(ぶどう社、1980 年)、『遊びと手の労働のすばらしさを－障害児教育の実践－』(あすなろ書房、1980 年)、『障害児の自我形成と教育』(ぶどう社、1984 年) など多数。東京都は 1974 年より希望者全員就学を実施、町田養護学校はその前年に開校している。

　ここでは町田養護学校での実践に注目してみる。赴任当時の子どもたちの様子は、これまでに経験したことのない重度の障害児 (重いてんかん発作、自閉症、車いすなどの子どもたち) であった。彼らの教育をどのように行うべきか、自分たちが日々の実践を重ね、教育の効果を検証

するといった実践の繰り返しを少しずつ蓄積していっている。最初の著書である『障害の重い子の学習指導』(ミネルヴァ書房、1977 年) はそのような実践成果を一冊にまとめたものである。

　知的発達の段階として、①知覚レベル、②表象レベル、③概念レベルと 3 つのレベルに分けて取り組んでいる。子どもの発達の原動力はやりたいという気持ちであり、能動性であるととらえ、各レベルに合った授業を創造して、より高次のレベルへと導くことになる。

　また、遊びの形態を①感覚の遊び、②模倣遊び、③役割遊びと位置づけて遊びを中心とした教育が展開された。「わらべ歌」を用いた学習、簡易プールでのお湯を活用した遊び、ポニーに乗る実体験などユニークな取り組みも行っている。感覚を重要視する授業を行ったり、生活年齢が高くなるに従って、遊びから手の労働を経て労働へといった順序性を考慮したりしている。

　喜田は、障害の重い子どもを対象としたカリキュラム構想面で打ち出している。それは、1973 年からの精肢混合教育 (知的障害児と肢体不自由児をいっしょにした教育) がスタートし、日々の試行錯誤の中で、発達診断をやりながら、子どもの発達の実態をつかみ、そして今どのような働きかけをすべきといった指導を行った。加えて、学級別指導やグループ別指導や全体の合同学習という、集団の学習形態の違いの中で活動を組織する指導を行った。すなわち、心理的側面と教育的側面の両サイドから日々の教育内容と方法を仮説として考え一般化しようとした点に特徴がある。

　研究者との共同研究や「子どもの遊びと手の労働研究会」(民間教育研究団体のひとつ) にも精力的に参加していた。障害児教育課程の自主編成が叫ばれる時であり、教育課程の中核に位置づけられた「遊びから手の労働を経て労働へ」の展望は、個人の発達過程を遊びから労働へという筋道で、ライフステージにわたる支援する必要があることを力説した。

(2) 河添邦俊の浜田ろう学校での実践－科学との接点－

　河添邦俊 (1929 年〜 1995 年) は、島根県浜田市で生まれる。柿木村柿木中学校、1962 年より島根県立浜田ろう学校教諭、東北福祉大学、高知大学に在職した。著書に『この子らも人間だ』(明治図書、1967 年) 、『障害児教育と教育課程』(ミネルヴァ書房、1974 年) 、『河添邦俊著作集　全 8 冊』(ささら書房、1991 年) など多数。

　ここでは浜田ろう学校の実践に注目してみる。河添は「重度のちえ遅れの子ども、重複障害の子どもでも、生きる権利、学ぶ権利、かしこくなる権利、健康になる権利、生産労働に参加するようになる権利」があり、権利としての障害児教育を根幹にしている。

　障害児にも、健常児にも相通じる「どの子もすばらしく生きる」ための教育課程の基礎構造として次の提起に達している。①発達と教育の基本課題、②子どもの生活と結合し、その上に立った学校教育の計画の大切さ、③実践目標＝普通教育における一般的で実践的な教育目標、④学習とは、経験による人格・能力・健康などの発達的変化の過程における、経験の科学的・創造的・実践的な組織と、主体的な取り組みの保障がなされている活動、⑤教育活動の普通教育における構造、⑥学ぶ楽しみと学習指導方法である。

　①③については 10 項目の教育実践目標と教育活動の構造化へのこころみに結実している。領域の呼び方にこだわりつつ、教育課程を①「体育の学習」(からだ－体育、からだ－保健) 、②「生活の学習」(遊び、つくる、おこない、はなしあい、えがく、手の労働) 、③「教科の学習」(ことば、かず、リズム、絵・造形、科学―自然、科学―社会) から構造的にとらえている。

　発達の要求・段階と科学のもっている体系との接点をとらえていくことが教育課程の作成においても教育実践の上でも非常に大切であると力

説している。また、遊びそのものを目的とする学習の位置づけは大事であるとして、特にろう学校であったことからも、幼児期あるいは遅れ・不自由さをもっている子どもにとっては重要であり積極的な意義があるものと考えられている。遊びから手の労働を経て労働へという人間の発達の道筋を中核としている。重複障害児の教育においても教科の学習はかなり大切であると考慮されているが、遊びはその基礎になり、遊びが分化して、子どもたちにいろいろな学習が広がっていくとされた。全面発達は、肉体的労働と精神的労働の統一であると考えられている。

　「障害を持つ幼児・学童との一日の生活の仕方 (18 項目)」では、人間は 1 日 24 時間単位で、生活し、活動し、発達していくものである。学習活動の基盤も、一日の生活の仕方にあり、子どもは一日一日を通じて発達するし、障害を軽減し克服していく道筋も日々の生活の仕方の中にあるとしている。こうした考えの他にも寄宿舎教育、社会教育、共同教育の実践をダイナミックに進めている。

第 4 節　学力の保障－生活と教育の結合－

　近藤益雄 (1907 年～ 1964 年) は、長崎県佐世保市で生まれる。山口村尋常高等小学校をはじめ小学校や高等女学校で生活綴方教育や児童詩教育に取り組む。この経験を知的障害児教育に生かしていく。1948 年校長として田平小学校に勤務する。翌年校長室を開放して遅滞児指導に取り組む。1950 年校長職を辞し、佐々町立口石小学校に障害児学級「みどり組」を開級する。1953 年知的障害児施設のぎく寮を創設し家族ぐるみで 24 時間の生活教育を実践する。著書に『この子らも・かく』(牧書房、1953 年)、『おくれた子どもの生活指導』(明治図書、1955 年)、『近藤益雄著作集』(明治図書、1975 年) など多数。「のんき　こんき　げんき」をモットーとした。

　教育課程の構造は、生活指導と学習指導の2領域とし、生活指導は健康指導と性格指導から組み立てられ、学習指導は基礎学習と生産学習と教科学習から組み立てられている。ここでは、教科の重要性を力説していることを見落とせない。障害児にこそ、文化の豊かさと、文字獲得や数概念の理解などの学力をつけることによって、自由を獲得させる実践が推し進められた。

　近藤の教育課程構想は、戦前からの生活綴方教育の豊かな体験をもとに、戦後の障害児に即したものを考え出したものである。当時の生活経験主義の特殊教育観が愛される障害児、黙々と働く障害児像といった社会適応を全面に押し出し、態度養成を掲げていたことに対して、それを凌駕する構想として評価できよう。通常の教育との共通性を考えつつ、独自性を併せもつ提起であった。

　知的障害児教育のねらいを、健康を保つ、日常生活のよい習慣を養う、社会人としてのよい性格をつくる、職業生活の準備をする、知的生活の能力をつくるとしている。この5つのねらいに対応して考えられたのが図1の教育内容のピラミッド構造であり、学力観なのである。

　学力観は、その内実として、①生命維持、健康的活動のための体力、②身辺自立のための能力、③協力的、勤労的、誠実的な態度、④職業生活への心構え、技能、⑤社会生活における最低限度の基礎学力となっている。生活に帰するという点からとらえ、「生活を切り拓く力」「生活を考える力」「生活を見通す力」を形成するものであった。それは、子どもの生活実態や内面に即したものであった。生命の尊厳、生きる力の形成、より科学的な教育内容、方法をもった非常に先駆性のある教育であった。

　生活と教育の結合は、日々の授業が障害によってひきおこされる発達の制約や生活上の困難さを解きほぐし、いっそうの発達を保障していくという必要性として追求された。その実践の底辺には、子どもの生活現実を豊かにするという意味で、教育内容をとらえ直すという意図をもち

合わせていた。さらに、子どもの興味・関心や意欲にもとづきながら生活に応用され、実際の生活問題解決力として定着をめざすという論理性をもっていた。

　知的障害児教育といえども、子どもが生活者として身につけつつある知識、技能、感情、経験と教科での認識を結びつけるといった構想で実践されていた。

　生活をふまえないと、子どもは認知的な知識を獲得しにくいということから、生活を教科の土台として、一方で、読み書き、考える力は生活を高めるために欠かせないとして、生活と教科の関連性を提起している。

図 1　教育内容のピラミッド構造
（出典：中野善達『障害者教育・福祉の先駆者たち』、P.168）

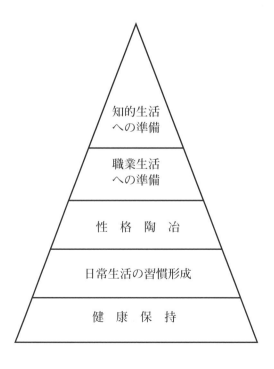

第5節　教科教育の実践と検証

(1) 遠山啓の原教科－教科の系統、配列－

　遠山啓 (1909年～1979年) は、朝鮮の仁川で生まれる。東京帝国大学を退学し、東北帝国大学理学部に再入学している。1944年から東京工業大学に勤務し、1951年に数学教育協議会を結成して長く委員長として数学教育を指導してきた。数学者である遠山は、1958年には「水道方式」と呼ばれる計算方法を確立したりして、小・中・高校の算数教育、数学教育の指導的立場から数学教育の現代化に率先してその力となった。その後1968年より八王子養護学校に共同研究者として参加するようになった。1967年にはタイルを用いた数の導入を、1968年には演算への導入と液量の指導、1969年には図形指導を知的障害教育で実践研究に着手している。当時の知的障害教育は、教育内容の程度を下げ、進度を遅らせた「水増し教育」が当然とされ、生活単元学習や作業学習が隆盛をきわめた時期に、知的障害児にも教科教育が可能であるとし「原数学」というこれまでに全くなかった新たな考えを生み出した。

　遠山と八王子養護学校の教員とで行われた実践は数学の論理性をもとにしたもので画期的なものであった。そこでは、ひとつの授業を組む時、その内容が理解できるには、その前に何がわかっていなくてはならないかということが問題とされた。実践を進める際に、教科を構成する内容の系統やその配列を明らかにする教科の論理を確立すること、教育を学習と教授という側面からとらえ、授業を教授と学習の統一した過程として検討していくことがめざされた。

　この実践成果は『歩きはじめの算数』(国土社、1972年) として出版された。算数教育の基礎には数量指導と空間・図形の指導があると考えている。数量指導の基盤には、数値化していない段階の量 (大きい－小さい、長い－短いなど) があり、いまだ測られていない量なので、「未測量」

が考えられた。一方、空間・図形の指導を系統的に積み上げていくためには、位置を正しくとらえることが必要であり、「位置の表象」が考えられた。「未測量」と「位置の表象」が正しくとらえられ、表せるためには初歩的な段階での「分析・総合」の思考が必要になるという。この 3 つからして、根源的なものに深く下降していくという方法で創造された新しい教科を「原数学」と呼んだのである。同書に、「差別の強化をめざす教育体制の最大の被害者はいうまでもなく障害児である」と主張し、障害児教育に取り組んでいった。

　原教科の意義は、①知的障害があろうがなかろうが、人間として発達していくのには、知的発達が必要である。②原教科が既存の教科の基礎にある内容で構成されること、より初歩的な教科の基礎となる内容をみることができる。③教材・教具への開発と工夫がある。④わかる算数として生きていくための真の学力をつける点にある。換言すれば、従来の教科という概念にとらわれず、教授－学習課程の組織化によって、どのような手立てを行えば教科の指導が可能になるかを提起したといえる。そのために、さまざまな発達段階、生活年齢に応じていくつかの教材・教具を準備して算数の授業を進めた点に特徴がある。

　また、授業の過程についてもふれており、実際の授業をふまえ→仮説の設定→指導案の検討→教材・教具の作成→実際の授業→授業の検証となっている。

(2) 大野英子・江口季好・坂爪セキの生活綴方教育－書く力の形成を通して－

　大野英子（1922 年〜）は、埼玉県児玉郡に生まれる。1951 年に再び小学校教員となり、1972 年から本庄市立藤田小学校の障害児学級の担任になり 1983 年退職する。著書には『詩の生まれる日』（民衆社、1978 年）、『あしたてんきになーれ』（全国障害者問題研究会出版部、1985 年）など

がある。

　障害児の児童詩教育の実践を創造した。知的障害児は、字を覚えるのが至難の業、しかし、字を覚えなければ思考を広げ、知力を深めることができない。つまり、成長・発達が低いところに留まることとなる。この字を覚えさせるために、文体とか思考の展開とか理論的な枠組みをもたなければ書けない散文よりも、障害児の素直な感性を生き生きと伸ばし、自由詩を書かせることに障害児教育の活路を見出そうとした。授業では、①子どもとの生活の話し合いをまずは重視する。②生活の深い実感をほりおこす。③子どもの願い・要求を大切にする。④児童詩を通して学級の集団づくりをするといった点を見い出すことができる。自然とのふれあいを通して書きたいという意欲を引きだし、自然を見つめる心の美しさを育てる点、子どもたちが正しいもの、美しいものに感動したことを大切にし、その感受性をいっそう高め、子どもたちが自らの内面を深くとらえられるようにする点、子どもたちへの語りかけ、子どもたちのことばを聞く、子どもたちのことばの光った部分を発見する点に特徴がある。

　江口季好（1925 年〜 2014 年）は、佐賀県諸富町に生まれる。1968 年勤務する大田区立池上小学校に障害児学級が開設されるにあたり、その担任となる。

　日本作文の会の常任委員をつとめる。著書に『先生とゆびきり』（ぶどう社、1982 年）、『障害児学級の学習指導計画案集』（同成社、1987 年）、『障害児学級の国語（ことば）の授業』（同成社、1991 年）など多数。

　系統的な指導としての知的障害児の国語教育を展開・創造した。授業では、①教室で子どもの心を解放することで、自主的、意欲的な発言や行動を喚起し、能動性を生み出す。②生活現実を事実に即してありのままに綴らせるために、ことばの教育を重視する。③具体的な生活体験の事実を通して行うことで子どもの認識内容を確実にする点を大切にして

いる。

　学力形成と指導方法に同習を考え、学力を次の 3 つでとらえている。①各教科の中にある知識とそれを用いて生活する技能、②観察力や注意力、矛盾を発見する力、分析力や総合力、記憶力や想像力、③価値についての判断とそれをつらぬく正義感、勇気、連帯意識、愛情というようなものである。中でも、③の必要性を説いていることは、詩は感動をともなったことばであるという点にかかわっているからである。

　坂爪セキ (1930 年〜) は、群馬県佐波郡に生まれる。1961 年より転任した境町立采女小学校の障害児学級の担任となる。1973 年に東小学校にかわる。田村勝治らと群馬障害児教育研究サークル・放談会がその実践を支える母胎となっている。この放談会には坂爪の他、加藤昭子、松本美津枝の女性教師が加わり、学級の子どもたちの生活のこと、作品のことなどを話し合っていた。『障害児の教科指導』(明治図書、1974 年)を刊行しているが、国語や算数のみならず、社会や理科、あるいは音楽や図工などまで含んで、その基本的な考え方と具体的な実践の有り様を提起している。他の著書に『障害児教育実践記録―かぎりない発達をもとめて―』(鳩の森書房、1971 年)、『生きる力をこの子らに』(あゆみ出版、1977 年) などがある。

　障害のある子どもの親に対する思いから、毎日の授業に力を注ぎ、子どもたちと分かり合える喜びの中で、遅々としていても確かな学力をつけるという考えが根底となっている。授業では、①より確かな授業をめざす。②みんなで学び合い、自らの力で誤りを訂正する。③誇りから自信から学習意欲へ。④からだを使うわかる授業を重要視している。子ども一人ひとりの考えを引き出し、それをぶつけ合わせ、誤りを自ら発見し、自らの力で真実に迫れる子を育てるという教育観のもとで実践した。そして、認識力を培うために、生活、感覚、集団、労働、描画が考えられている。子どもたちの可能性を信じ、授業を通して、常に子どもに考

えさせ発見させていく姿勢は、保護者、同僚の教員、群馬民間教育研究団体連絡協議会という地域や保護者との良好な関係を構築していった。障害児学級の子どもに読み書きの指導、教科の指導を試みているが、文字指導、数指導の以前の問題として、仲間を集め、目、耳の感覚を磨くことを大切な学習内容として位置づけている。いい加減には教えられないのだという信念、深遠な教育観の土台の上に教科指導を展開したのである。

　群馬の教師たちは、子どもの生活や実感に結びつくように、子どもたちが反応し、考え、発見し、そこで新しい力が獲得されるように授業を組織すること、子どもたちが教科教材の特質に取り組み、その中で認識を成立させていく筋道を丁寧にたどることをポイントにしている。このような地域の連帯があったからこそ、「授業づくり」と「教材えらび」を執拗なまでに追求したのだと考えられる。

第6節　先人が投げかけている教育遺産

　教育実践は、教育課程、教師（集団）、子ども（集団）、教材・教具、保護者、地域など、実に多様で複合した要因によって展開している営みである。それらの総体が授業づくりに結実するものである。授業の成立と展開のあり方を教授学的に追究することが本章のトーンであるゆえに、先人からの学びを次のように記録しまとめておく。

　第一に、人間としての尊厳を大切に、未来を託すためである。障害児教育の仕事は、確かに教育における困難さが多々ある仕事であろう。しかし、こうした難しさを乗り越えようとした努力の軌跡を見ることができる。先人たちが、文化を、科学を、社会を伝承し、継承し、そしてさらに創造的に発展させてきたのである。実践を科学で検証し、科学を実践で検証しながら、人間が共に育ち合い、高め合っていくところに、発

展をしていく道筋を垣間見ることができるのではなかろうか。障害児教育は普遍性と特殊性がある教育分野である。障害があろうとなかろうと、人間としての願い・ニーズが教育の出発点でなければならない。そして、障害に応じた合理的配慮が用意されなければならない。わが国の将来を背負っていくのは眼前のすべての子どもたちである。その発達を保障していくのは、社会、学校の教師の責務である。

　第二に、先人らからは、教育課程の領域を明示していることに気づかされる。教育課程は、目的達成のために必要な教育内容を選択し、その教育内容の分類や組織化、修業年限における授業をはじめとする指導時間の配分を含めた教育計画と理解できよう。

　筆者は、領域について①教科、②生活、③養護があると考えさせられる。この３つの領域は完全に独立しているものではなく、大小に重なり合う部分がある。その相互に重なる部分は、発達段階の低い子ほど大きく、生活年齢や発達段階が高くなると分化してくるといえる。障害の重い子には教科が不必要と考えるのではなく、教科につながる準備として位置づけられるように見通しをもって内容・方法を検討することになる。生活では、遊びそのものが目的となったり、基本的生活習慣の中でさまざまな力を獲得することになったりする。養護では、障害やからだの健康に対する働きかけである。こうした３つの領域が相互に関係しあって、子どもたちの能力や人格が形成されていく。

　実践を進めるにあたっては、一日または一週間の中で、多様な集団を保障することが効果的であると言われ、学校づくり、学級づくり、能力別集団づくりなどといった集団づくりに取り組むことが求められる。集団のもつ教育力を教授学の立場から大切にしたい。

　第三に、「生きる力」の概念を明確化していく必要性を学べるのではなかろうか。「生きる力」といっても、かなり曖昧さをもっていたり、包括的なものであったりする。よって、具体性に乏しいということにも

なりかねない。先人の中には「学力」の保障を掲げている。筆者は、知的障害児にも「生きて働く学力」をつけていく必要があると考えさせられる。さらに、「生きる力」を「できる」だけではなく、「わかる」ことととらえることで、「できる・できない」面のみを強調することを避けたいものである。

　第四に、新しい学力を獲得するために、どのような系統的指導によるプログラムを作成するのか、教材・教具を活用するのかの吟味である。子どもとともに文化の世界に参加することで、文化のもつ豊かさやおもしろさを見つけ、わかる体験をしていくことを重視したい。子どもたちの発達的必要に応じた教育内容をどのようにつくりだしていくのかという再構成の視点に立つことが今後の障害児教育の発展につながることを教育遺産から知ることができよう。

参考文献

・青木嗣夫『未来をひらく教育と福祉－地域に発達保障のネットワークを築く－』（文理閣、1997年）。

・青木嗣夫「与謝の海養護学校教育の基本的理念＝実践的課題について」（人間発達研究所『人間発達研究所紀要』第4号、1990年、pp.141-157）。

・喜田正美『障害の重い子の学習指導』（ミネルヴァ書房、1977年）。

・平野日出男・河添邦俊・戸崎敬子『重複障害児の教育』（青木書店、1984年）。

・河添邦俊・平野日出男『どの子もすばらしく生きるために』（明治図書、1972年）。

・清水寛『障害児教育とはなにか－教育の真実を求めて－』（青木書店、1981年）。

・小川英彦「知的障害児教育の先駆者：近藤益雄」（中野善達『障害者教育・福祉の先駆者たち』、麗澤大学出版会、2006年、pp.139-174）。

・遠山啓『歩きはじめの算数』（国土社、1972年）。

・森博俊「教科教育のあらたな発展を求めて」（森博俊・障害児の教科教育研究会『障害児のわかる力と授業づくり－新しい教科教育への挑戦－』、ひとなる書房、1993年、pp.181-212）。

・渡邉健治・湯浅恭正・清水貞夫『キーワードブック特別支援教育の授業づくり』（クリエイツかもがわ、2012年）。

・小川英彦「障害児教育史における生活綴方実践」（愛知教育大学幼児教育講座『幼児教育研究』第18号、2015年、pp.11-18）。

≪ 教 育 か ら の 支 え ≫

第 3 章

1970年代から80年代の民間教育研究団体の役割

第1節　はじめに

　障害児教育の歴史を概観すると、戦前の特別学級においては、教師たちは学級の障害児から学ぶ姿勢、戦後の障害児の教育権保障の中では、家族や地域から多くを学び力量形成をしていった。そして、2007 年に特別支援教育というわが国の障害児教育の制度改革が行われたことで、たとえば、教室には発達障害の多様な障害に対応する専門性がすべての教師に求められる時代に変化してきている。文部科学省は通常学級に在籍する発達障害児を義務教育段階のすべての子どもの 6.5% に相当すると公表している[1]。教育対象の拡大に伴いその対応が喫緊の課題となっており、教育の質的な充実が求められている。

　本章では、教師の専門性の向上、教師集団での指導ポイントの共有をはかる目的から、障害児教育史の 1970 年代から 80 年代の実践記録を検討してみる。なぜこの年代に注目するかというと、わが国では 1979 年は養護学校義務制が施行され、重度の障害児も含めて教育権が保障された大きな転換期であった。換言すれば、新しい制度のもと教育の対象が拡大され、その教育内容・方法を模索し、深化させる時期になっていたのである。その結果、民間教育研究団体ではまとめた実践記録の著書がいくつかの出版社から刊行され、そこでは、子どもの発達に集団が必要であるのと同様に、教師の力量形成にも、同じ職場や地域での教師仲間の集団で自分の実践を出し、仲間からの励ましや批判を受けることで、次への教育実践力を高めるという時代のうねりがあった時期だからである。

　今日では、研修の必要さが力説されてそれはそれとして重要なことである。自治体が実施する初任者・中堅・管理職者研修、大学での免許更新などの公的な研修の活用はあるが、それとは別に自主的な学びの場があってもいいのではなかろうか。働き方改革が叫ばれる中で、ゆとりと

自由の中で本人の主体的な自己学習が大切にされてもよかろう。

　気になる子どもたち、発達障害のある子どもたちの発達を保障するために試行している現代と、重い障害児のために実践を切り拓いた 1970 年代から 80 年代とをリンクさせながら、先人たちの子ども理解、教育方法などのポイントをふりかえることで、特別支援教育に携わる多くの教師の力量形成について考えてみたい。

第 2 節　1970 年代の障害児教育実践記録の特徴

　この時期の教育実践記録の特徴について、田中良三は次の 5 つの点があると指摘している。第一は、ある地域での教育実践研究をまとめたもの、第二は、民間教育研究団体がまとめたもの、第三は、学校単位でまとめたもの、第四は、教師個人がまとめたもの、第五は、ある課題のもとに集約されまとめたものである [2]。そして、教科の学習はすべての子どもに可能であり必要である。障害に対する取り組みは集団の中で各教科をはじめ全教育活動と結合し発展性のある教育活動として行う。集団づくり、遊び・労働の教育、すべての子どもに学校教育を保障する就学権保障の取り組みや教育条件（整備）獲得の取り組みとの結合が実際に進められたことを導いている。

　本章では田中の先行研究に学びつつ、2 番目と 4 番目に指摘された民間教育研究団体とその中心的リーダーの教育実践から学ぶことになる。特に、今日的な障害児教育の課題解決につながるような取り組みを先人の貴重な実践から抽出することを心がけたい。

　民間教育研究団体は性格・目的の別からして多くみられる。現在あると思われる団体の教育分野とその団体数をまとめたのが表 1 になる。これらの団体に共通するものは、教育の自主性、自立性を強調し、かつ科学的な・系統的な教育方法や教育内容を確立していこうとする。"民間"

と称することから、官制の研究組織とは異なり、学校単位自治体単位を越え、教員相互に自由に学べる場でもある。

表1 民間教育研究団体の数[3]

教育分野	国語	社会	数学	理科	音楽	美術	技術・家庭	保健体育
団体数	12	4	2	4	1	4	3	1
教育分野	英語	生活	演劇	性・養護	生活指導	不登校問題	子育て保育	他の研究会
団体数	1	1	2	2	2	3	7	33

　この中で、1970年代から80年代に障害児教育の実践記録書を公に刊行し、わが国の障害児教育を熱心に真摯に切り拓こうとしたものは次に挙げられよう。

　・全国障害者問題研究会
　・日本生活教育連盟
　・日本作文の会
　・寄宿舎教育研究会
　・美術教育を進める会
　・全国養護教諭サークル協議会
　・子どもの遊びと手の労働研究会
　・数学教育協議会
　・全国生活指導研究協議会　　　　など

　筆者は、これらの実践の中で別の著書及び論文で発表しているものがある（本書の第2章で再掲）。それは、①日本作文の会に関する論稿で、

近藤益雄、大野英子、江口季好、坂爪セキを取り上げた[4][5]。②全国障害者問題研究会に関して青木嗣夫を、子どもの遊びと手の労働研究会に関して喜田正美を、数学教育協議会に関して遠山啓を取り上げた[6]。よって、本章ではこれら先人の発表との重複を避けて、研究対象としている時期に刊行された実践記録を調査する中で代表的と思われるものを取り上げることにする。よって、全国障害者問題研究会、日本生活教育連盟、日本作文の会、寄宿舎教育研究会、美術教育を進める会、全国養護教諭サークル協議会、子どもの遊びと手の労働研究会、数学教育協議会の成果を紹介することにする。学校の教師からの立場と実践を側面的に支えた大学の研究者からの立場の両者を視野に置く。

第 3 節　各民間教育研究団体の教育遺産

（1）全国障害者問題研究会の成果から学ぶ

　この会は 1967 年に組織され、障害児の教育や福祉の分野を総合的に研究対象としていることから多くの教職員が集まっている。非常にベイシックな研究会という性格をもちあわせていよう。ゆえに、他の民間教育研究団体とまたがって取り組んでいる会員がけっこういるという特色をもっている。

　出版部もあることから、これまでに多くの実践記録を出版してきているが、ここでは、初代の全国委員長であった田中昌人（1932 年～ 2005 年、近江学園研究部から京都大学へ）の編集による『私たちの障害児教育－小学校障害児学級からの報告－』（1975 年）を取り上げる。

　刊行年からして、養護学校義務制実施に向けた時期に相当することから、小中学校の障害児学級のこれまでに果たしてきた実践を整理することが、養護学校でのこれからの教育に及ぼす影響が多大であるとし、11 の実践をまとめた書となっている。「障害児たちのかかえている困難

を援助することのできる教師は、仲間の教師がかかえている困難を援助できるし[7]」という時代的要請が今日の世相と重なろう。

この間の実践の蓄積から、①就学免除や就学猶予の扱いにして放置してきた障害の重い子どもたちを積極的に受けとめた。②障害児にみられがちな問題行動を発達要求としてとらえ直した。③教育内容を再構成した。④教育条件を改善したと集約している。

1981年は国連によってすべての障害者の社会生活と社会進歩への「完全参加と平等」をテーマに掲げた年であった。それゆえに、社会的統合の一環としての教育的統合が強調された頃にあたる。統合教育を推進するにあたって、必要な教育条件の整備や指導の内容・方法について細かな配慮が必要とされた。その際に、①障害の性質、状態を十分に考察し、障害の軽減への働きかけがどの程度可能かを検討する。②障害によってもたらされやすい発達上の困難を考慮する。③基礎学力は確かに形成されうるかを検討する。④生活時間・生活リズムが子どもの実態に合っているかどうかを検討するという重要点が確認されている。

障害児教育の実践を科学化していくためには、教育の事実に裏打ちされたことばで書く力をつけることであるとし、子どもの中にただいるだけでは決して身につかない。障害と発達と生活実態に合わせて、一人ひとりに到達目標を示して、発達的に励ます教育を工夫し、実践することを提起している。

子ども理解の出発点として、障害・発達・生活の3つの視点を明らかにしたという意義をおさえておきたい。「発達保障」というキーワードが実践を推進させる原動力となっていた。発達保障は糸賀一雄近江学園園長と職員らによって築かれた発達観と指導理念であり、「重症児が普通児と同じ発達のみちすじを通るということ、どんなにわずかでもその質的転換期の間でゆたかさをつくるのだということ、治療や指導はそれへの働きかけであり、それの評価が指導者の間に発達的共感をよびおこ

すのであり、それが源泉となって次の指導技術が生み出されてくる[8]」という。まさしく発達は教育の指導によって促されることを実証的に提起していた。そして、この近江学園では新しい施設のあり方を求め、福祉と教育の結合、教育と医療の連携、教育と労働の統一をめざした子どもの側からの権利要求を実践的に実現する構想であった。

　加えて、1980 年代への課題として、①家庭教育、学校教育だけでなく社会教育の充実、②就学前の乳幼児のための取り組みを社会的な責任において果たしていく、③青年期以降の制度的な対策の必要性を投げかけている。保育・保健・教育の協力と共同への追求であった。

(2) 日本生活教育連盟の成果から学ぶ

　この会はコア・カリキュラム連盟をもとに 1953 年に改称・組織された。ここでは二人の実践者を紹介したい。

　本荘正美は、障害児教育独自の課題である障害・発達・生活に視点に立って子どもを丸ごととらえる取り組みの重要性の中で、生活年齢・生活の重みに注目して授業をしている。同じ発達年齢といえども生活年齢がかなり開いておれば各々に適した教育内容の吟味が必要になってくる。生活経験の中で太らせてきた力の果たす役割の大きさと言ってもいいのではなかろうか。ここからは、教科の指導にあたって通常の小中学校の該当学年の教科書をそのまま持ち込んだり、学年を下げて与えたりすることへの疑問が出てこよう。教科の系統性は考えるものの一方向性に縦にのびることだけに終始するのではなく、障害の重い子が「できない子」にならないような発達水準による順序性のくみかえも必要になってくると主張している。障害の重い子を大事に子ども同士が学び合う集団の組織を考えている。個人の自立は集団の中でこそ可能になるとする[9]。排泄・着脱・食事などは生活技術の獲得であり、教科教育の基礎になっている。たとえば、パンツの穴に足を一本ずつ入れることは見方に

よれば算数指導でいう 1 対 1 対応にあたるという[10]。

　竹沢清は、①子どもたちは発達の主体者である。②問題行動を発達要求ととらえる。③集団と文化の中で子どもたちは育ちあう。④「できる」ことのみを求めるのではなく、人間として内面のゆたかさを。⑤私たちの人間を見る眼の育ちに応じてしか子どもたちは見えてこないと私の実践原則を主張する[11]。いくつかの実践の底流には、障害児であろうと、人間として感情をもち、思いや要求をもって、主体的に生活を切り拓いていける力を培ってやりたいという教育観が読み取れるのではなかろうか。さらに、注目に値するのは実践記録のあり方についての問題提起である。ポイントは結果のみでなく、教師の発想のしかたや思考の流れが書かれている。その思考を整理し客観性を保証するために、記録論では中心的な課題の構成のしかたや事実で書く、場面を描くなどの書き方を提案している。ここでは、教師が実践づくりをすることと書くこととの関係が描かれているとも言えよう[12]。

　当時の日生連綱領をみると次のような教育研究の指針を掲げている。①私たちは、子どもたちの生活意欲、学習意欲をほりおこし、発展させる。②私たちは、人類の文化遺産を尊重し、それにもとづいて教育をすすめる。③私たちは、教育活動の特定の諸分野の独自性を認めながら、それらを統一的にとらえ、子どもたちの全面的な発達をめざす。

(3) 日本作文の会の成果から学ぶ

　この会は 1950 年に発足翌年に改称して今日に至る。作文教育や生活綴方教育を中心に研究している。前述したように大野英子、江口好季、坂爪セキについては別稿で触れているので、本章では黒藪次男を取り上げる。

　黒藪は「コトバ、表現、生活を大事にした生活綴方教育を今日まで実践してきたわたしであったが、・・・あらためてコトバの大きさに目を

開かれた思い」と述懐している [13]。コトバと生活、内面の欲求とコトバ、感覚感情とコトバといったことである。たとえば、遊びに対して意欲をもやしているとき、それは表現の意欲と結びつき、コトバを育てていると説く。ここからは，障害児のコトバの指導は、生活の確立とかたく結びつくもの、コトバは動作や行動と結びついて少しずつ発達していくものとして導かれるのではなかろうか。そして、子どものあるひとつの行動を通して、子どもは何を欲し、何を要求し、何を言おうとしているかを知らなくてはならないと、子どもの内面をつかみ、意欲的な生活をつくっていくことが必要であることを示している。

　生活要求、表現の意欲に根ざして子どもの文章表現力を高めようとする生活綴方教育の原理・原則なのである。自立心や自主性といったものも、小さな生活を自分でやろうとする意欲の中から育っていくととらえている。意欲的な生活それはまさしく遊びそのものでもある。

(4) 寄宿舎教育研究会の成果から学ぶ

　この会は 1980 年に結成されている。1971 年になると「生活指導の実際」から「生活指導の実践」という表現に変わり、会員なりの課題意識や指導方法論を追求するようになる。科学的な寄宿舎教育というトーンが流れている。そして、1980 年代に入ると、重度化する寮生の実態変化に対応して、生活の中身が検討されることになる。①入舎してくる子どもの生活の悲惨さ、②集団的な生活の場を活用して舎生たちの主体的に過ごす生活の実現、③主体的に生きる力を育てる課題であった [14]。生活概念を単なる指導の手段ではなく、寄宿舎で生活する子どもが主人公である生活と把握できよう。

　障害児学校における寄宿舎の役割について、生活の場としての寄宿舎ということがひとつ、次に学校教育の一環としての寄宿舎という性格とふたつあって、これらの重なるところに寄宿舎は設置・運営されている

64

と理解できる。教育と福祉の統一という追求は、生活問題にかかわる福祉（施設）では発達を保障するという視点が弱く、また、発達問題にかかわる教育（学校）では生活を社会的な問題としてとらえる視点が弱かったととらえることができるのではなかろうか。寄宿舎の機能として、通学の保障、生活の保障、健康の維持増進、発達の保障があげられる。

　同会でいう生活教育とは、障害のある子どもたちの生活の現実を問題として、これを教育的に組織して指導・援助する実践のあり方といえよう。

(5) 美術教育を進める会の成果から学ぶ

　この会は1959年に発足している。美術教育における人格形成と結合した発達研究と、そこから導き出された手しごと・工作の教育的な位置づけに特徴がある。1972年には大塚養護学校幼稚部に所属していた鳥居昭美が美術による表現学習そのものが全人間的な営みであるとして10の項目を提起している[15]。

　全国障害者問題研究会研究成果の影響があり、1970年代には発達の節と節におけるつまずきを詳しくみること、話し言葉獲得期の子どもに必要なものに手の動き、手の働きを太らせる道具、変化する素材、なかま（集団）に着目している。

　1980年代になると、発達的視点で子どもの絵を3段階で分類するようになる。①第1段階：ぬたくりをはじめた段階からなぐり描きを豊かに育てる段階、②第2段階：意味づけを豊かに育てる段階、③第3段階：意味づけを乗り越え、イメージを豊かに造形活動を展開させる段階である。ここからは、障害があっても子どもたちの絵の中に系統性や共通性があることを導けれるのではなかろうか。換言すれば、共通してつまずく箇所があるとでもいえよう。

　知的障害児の場合は、①手指でものを握る力が弱い、手指で外界に働

きかける活動がみられない点、②弧状の往復運動の絵で留まり、なかなかぐるぐる丸に変化していかない点、③ぐるぐる丸を描いているけれどもなかなか形が出てこない点、④図式的な表現はできるが、人と人、人とものとの関係が説明できない点、⑤大きさや遠近の関係を構図全体の中に位置づけて描くことができない点がある[16]。この壁をどう突破させるのかといった指導方法が検討されている。

　言語の遅れがある知的障害児が、言語の力を獲得していくために描く活動が重要な役割を果たしている点に注目している。ここでは、描く活動と言葉の発達という表裏の関係は、意味づけが概念の発達の出発点であり、概念化は言語のもつ大切な働きであるというポイントをおさえることができるといえよう。

　美術文化を子どもの生活に位置づけるという基礎にたって、0 歳からの子どもの発達の筋道に則しながらその時々の子どもの人格形成に果たす絵画・造形活動の役割という教科目標を打ち出している。

(6) 全国養護教諭サークル協議会の成果から学ぶ

　この会は 1970 年に発足している。子どもたちのいのち・からだ・性・こころを見つめ、守り、豊かに育んでいくことを目的としている。大阪府立堺養護学校の養護教諭をしていた大塚睦子は、障害児の発達を保障するためには学校保健的な知恵が生かされなければならないとしている。実践においては、障害はつくられるという観点に立ち、日常生活における水分の摂り方、いのちの素としての食べ物、便通の状況、体温の変化といったことにすごく気を遣っている。養護教諭の専門性を「生を衛る」実践と根幹的にとらえている[17]。

　たとえば、うんこ点検の実践は、単なる健康管理活動とはせず、からだについての知識と具体的体験をつなげて、主体的な生き方を学ばせることにあるという。1981 年度の性教育の授業では、①からだの発育、

変化について、②人間の特徴、③いのちのしくみについて、④いのちの大切さについて、⑤仲間を大切に、家族を大切に、人類の未来に向かっていのちを輝かそうと組み立てている。まさしく知識の伝達に終始し、知識偏重となってしまうのではなく、どのような生き方をすべきかを重視する点に特徴のある健康教育である。

　この会の教育研究の指針は、子どもたちのからだと心の健康・発達の問題がより深刻さを増す中で、子どもに寄り添い、地域の現実に根ざした健康教育の実践をまとめるということになる。

(7) 子どもの遊びと手の労働研究会の成果から学ぶ

　この会は1973年に発足しているが、障害児教育分野の中心的役割を果たしたのは喜田正美である。第2章で喜田の教育課程づくりについては触れているのでここでは重複は避けたい。

　研究会では遊びと手の労働の意義を次のように整理している[18]。①手やからだの基礎的な働きを確かに育てる。②認識能力や価値観や社会的活動能力を育てる。③集団的活動能力を育てる。④友だちとのぶつかり合いや協力を通して、自己を統制する力や強い意志の力を育てる。そして、1978年以降には「遊びと手の労働・技術のすばらしさを教えよう」という実践目標を掲げるようになる。教材研究の視点として、①子どもにとっておもしろい教材を、②手の労働・技術の体系を考慮して、③子どもの発達にあった教材を、④子どもの学習観や生活意識をゆさぶる教材を、⑤地域の素材や条件を生かすをあげている[19]。

　喜田は町田養護学校に在職中、教育課程に遊びから労働への展望に着目している。遊びから仕事への移行を考えるとき、社会有用性を意識すること、すなわち集団で作る喜びの尊さを示している。また、目的志向性は生活年齢が高くなると強まることも示唆している。知覚レベルから表象レベルへ、そして概念レベルへという発達段階を仮説として掲げ、

各レベルに応じた学習活動を実践している点に特徴がある[20]。

　障害児の教育課程の自主編成では、手と頭を結びつける意図から、教科として、教科外としての位置づけから、中間に手の労働 (手の使用と道具の使用) が位置づけられている。

(8) 数学教育協議会の成果から学ぶ

　この会は 1951 年に発足して、「量の理論」「水道方式」に成果をあげたり、近年では「楽しい授業の創造」を提唱したりしている。障害児教育分野では研究者の遠山啓と八王子養護学校の共同研究をみることができる。

　当時は、教育内容の程度を下げ、進度を遅らせた水増し教育が盛んに行われ、生活単元学習や作業学習が隆盛をきわめていた。そのような状況の中で、「原教科」なる新しい分野を生み出し、教科教育にこだわり続けたのである。算数でいえば、未測量と位置の表象、分析・総合の思考といった系統的な組み立て、国語でいえば、書き言葉以前の話し言葉の系統的指導が相当した[21]。この新しい試みには、各教科の指導内容を緻密に順序立てるということはもちろん、教科の教授－学習を吟味した点に特徴がある。

第 4 節　おわりに

　わが国にノーマライゼーション (normalization) が紹介されたのが 1970 年代であると言われる。この障害児の教育や福祉を支える理念が教職員に徐々に浸透し、今日ではインクルージョン (inclusion) が叫ばれるようになった。「包み込む」「包括する」ということから、特別なニーズのある子どもたちが対象となってくる。個々のニーズに合った多様な教育方法、内容が求められる時代になりつつある。万人の教育、福祉に

なるための改革論の登場と言っても過言ではなかろう。

　時代をさかのぼって追究するのは、今日の教育のもつ課題を解決しようとするがためである。ここに歴史研究の意義を見出す。冒頭に述べたように障害児教育史上、対象とする子どもの拡大時期に相当することからよく似た、同様なたいへんさ、苦労さがすべての教職員にあると思われる。

　本章では、上記の研究目的に照らし合わせて、教師の専門性の向上になるように2点を指摘する。

　第一に、1970年代に主張された労働の教育、生活と教育のつながりに関連して言及する。それまでの1960年代においては高度経済成長によって、家庭や地域にあった教育力が低下し、社会構造と国民生活の未曾有の変動に応じて、子どもの生活スタイルも大きく変化し、否まざるをえなかったといえよう。こうした事態への対応として、1970年代では労働を研究や実践の課題にする民間教育研究団体がいくつかみられる。子どもが手やからだを働かせて遊んだり労働したりすることが少なくなったという生活の歪みが、手が不器用になったり、背筋力の低下など発達の低下に現れることになった。今日的には、遊びや手仕事（ものづくり）に取り組み、豊かな学びと生活を作り出すことを再現したいものである。

　障害児教育における生活と教育の結合は、まずは子どもの生活を豊かにするために教育内容を選択するという意味になろう。子どもの興味や関心に基づいて現実の生活に応用できるように指導するという意味でもあろう。そして、単に知識や技能の習得にとどまらず、実際の生活問題の解決力として定着したかという意味でもあろう。

　子どもたちの内部に自らを発達させようとする力を育てることは教育の目的であり、今日においても相通じるものである。

　第二に、1980年代においては障害児教育における授業づくりが教授

学の立場から開始された点を取り上げたい。授業づくり[22][23]は教師のいくつかの仕事の中で最大であることは否めない。それゆえに、今日の教師の力量を高めるために、授業を構成する要素を先駆的実践より再検討し最低条件について述べてみたい。

　一番目に、障害児理解、子どもを丸ごととらえるという見方についてである。障害、発達、生活の相関的な理解、問題行動への共感的理解、アセスメントの重要さである。障害のある子どもたちの発達への願いに共感する中ではじめて子どもが見えてくる。

　二番目に、ねらいを明確化し、新しい学力を獲得するために、どのような系統的指導によるプログラムを作成するのか、教材・教具を活用するのかの吟味である。子どもたちをただ見ているだけではなく、一定の予想を立てて働きかけていく。この 2 点は授業準備（設計）と言えよう。

　三番目に、子どもとともに文化の世界に参加することで、文化のもつ豊かさやおもしろさを見つけ、わかる体験をしていくことなる。個と同時に学級や学校といった集団で学べることの意味、1 対 1 の個別的な情動的な関わりを基礎にして、他の子どもたちと関わりあえるように導くところの、集団づくりにおいて人間的交わりを再確認したい。この点は授業実施（実施）と言えよう。

　四番目に、共同で、支え合い授業が成立できたかである。学びと発達の当事者としての子ども、授業づくりの当事者としての教師の達成と反省といった面である。この点は授業評価（総括）と言えよう。

　総じて言えば、授業づくりの前提としての子どもの理解の基本から始まって、授業が展開するとともに、新しい子どもの動き（内面や表情など）、教師の教育内容・方法の実際と創造を経て、教師の子どもを見る目の発展、授業が動的に展開する中で子どもの発達と教師の専門性の向上になるものと考えられる[24]。

　障害児の教育福祉問題とは、「制度の谷間にいる子どもたちへの対応」

でもある。歴史上では、1979年の養護学校の義務制施行以前は教育権を有しながら就学猶予・免除にあっていたこと。2007年の特別支援教育の制度化以前は発達障害児への教育支援がなされていなかったこと。この大きなふたつの転換期をめぐっては、障害の重度の子はもちろんのこと軽度の子にもたいへんさがあることがクローズアップされた。どのような障害についても、発達的に理解するという子ども把握は、今日の障害児教育の根幹をなしている。

　障害児を含めすべての子どもたちの問題行動については、問題発生の歴史的・社会的背景としておさえておかねばならないのではなかろうか。さらに、この社会に原因が求められるだけでなく、そうした状況のもとでの子どもたちの発達阻害という主体的条件と不可分であると考えられる。「子どもの貧困」が叫ばれるようになっているが、こうした現代的貧困に源を発すると子ども理解には必要なように思われてならない。

　いろいろな民間教育研究団体の成果に学びながら、子どもたちの発達的必要に応じた教育内容をどのようにつくりだしていくのかという再構成の視点に立つことがこれからの障害児教育の発展につながることを明らかにできた。たとえば、「からだをゆさぶり心をひらく」とか「みんなでわかる」といったことが実践の中で確認されてきている。身体と精神、学力と人格の統一をめざし、教育活動の結合が図られていることである。

　すべての障害のある子どもたちが豊かに生きることができるように、特別支援教育に携わる教師のさらなる力量が形成されることを願うばかりである。

参考文献

・鴨井慶雄『障害児学級実践ノート』、1987 年。

・清水寛『共同教育と統合教育の実践』、1984 年。

・全国障害者問題研究会『全障研三十年史』、1997 年。

・本荘正美・国井博『差別をのりこえる障害児教育』1971 年。

・川合章・本荘正美『生きる力を育てる障害児教育実践』、1978 年。

・日本生活教育連盟『生活教育－特集／障害児の発達保障』、1987 年。

・寄宿舎教育研究会『障害児にあたりまえの生活を　かけがえのない
　寄宿舎教育』、1996 年。

・美術教育を進める会『人格形成と美術教育③　障害児の美術教育』、
　1991 年。

72

注

1) 文部科学省ＨＰ「特別支援教育の現状」2018年。特別支援教育の対象の概念図（義務教育段階）による。

2) 田中良三「戦後、障害児教育課程の編成原理と構造」（河添邦俊・清水寛・平原春好『障害児の教育課程と指導法』、pp.48 〜 75、1981年）。

3) 民間教育研究団体（教科別）のリンク集による。

4) 小川英彦「障害のある子どもと綴方」（日本教育方法学会『教育方法学研究ハンドブック』、pp.314 〜 317、2014年）。

5) 小川英彦「障害児教育史における生活綴方実践」（愛知教育大学幼児教育講座『幼児教育研究』第18号、pp.11 〜 18、2015年）。

6) 小川英彦「『障害児の教育学』を支える教師論－先人の授業実践記録との対話－」（障害児の教授学研究会『障害児の新教授学』、pp.170 〜 182、2019年）。

7) 田中昌人『私たちの障害児教育－小学校障害児学級からの報告－』、p.384、1975年。

8) 糸賀一雄『福祉の思想』、p.172、1968年。

9) 本荘正美「子どもたちに教えられ－障害児に『教える』ということ－」（茂木俊彦『学ぶ力をつける－障害児教育の実践②－』、pp.9 〜 52、1983年）。

10) 本荘正美「教育実践の前提」（全国障害者問題研究会『みんなのねがい』、第105号、pp.42 〜 47、1978年）。

11) 竹沢清「生活主体を育てる障害児教育」（日本生活教育連盟『生活の主体者を育てる』、pp.216 〜 218、1988年）。

12) 万野友紀「内面理解を実践につなぐ　竹沢清の実践」（田中耕治『実践を語る－子どもの心に寄り添う教育実践－』、pp.161 〜 233、2010年）。

13) 黒藪次男『ぼくこんなにかしこくなった－ダウン症児の実践記録－』、p.2、1981年。

14) 大泉溥『障害児の生活教育－寄宿舎教育研究会の15年の歩みから－』、pp.16 〜 24、1994年。

15) 鳥居昭美『子どもの人格形成と美術教育』、pp.45 〜 46、1981年。

16) 小川英彦「障害幼児の発達と造形」（岡崎女子短期大学『教育研究所所報』第9号、pp.49 〜 59、1999年）。

17) 大塚睦子『障害児に学ぶ教育の原点－養護教諭35年の実践から－』、pp.2 〜 10、1994年。

18)　子どもの遊びと手の労働研究会『子どもに遊びと手の労働のすばらしさを①－児童期の実践－』、pp.11 ～ 13、1979 年。

19)　子どもの遊びと手の労働研究会『手をつかおうものをつくろう』、pp.178 ～ 181、1985 年。

20)　喜田正美『障害の重い子の学習指導－やる気と創意と見通しと－』、pp.183 ～ 189、1979 年。

21)　小島靖子・小福田史男『八王子養護学校の思想と実践』、pp.42 ～ 109、1984 年。

22)　渡邉健治・湯浅恭正・清水貞夫『キーワードブック・特別支援教育の授業づくり－授業創造の基礎知識－』、2012 年。

23)　湯浅恭正『障害児授業実践の教授学的研究』、2006 年。

24)　小川英彦「発達する子ども・成長する教師」（湯浅恭正・新井英靖・吉田茂孝『特別支援教育のための子ども理解と授業づくり』、pp.18 ～ 21、2013 年)。

≪教育からの支え≫

第 4 章

貧民学校創始者・坂本龍之輔の実践
－教育（能力保障）と福祉（生活保障）の接点－

第1節　はじめに

　田中勝文はわが国の貧民教育史研究の礎を築いた。田中は、貧民学校を明治初期における貧人小学や夜学校、明治中期における小学簡易科、子守学校、半日教授、更にそれにつづく特殊学校、尋常夜学校、小学校特別教授などを対象に、きわめて広義に使用している[1]。本章では、この田中の指摘に学びつつ、貧民学校のひとつであり、1903 年 3 月に開校した[2]東京市下谷万年尋常小学校 (以下、万年小と称する) を取り上げる。創始者 (初代校長) が坂本龍之輔 (1870 〜 1942) である。

　ところで、昨今「子どもの貧困」が教育学研究や社会福祉学研究の研究誌などに取り上げられる時勢になった。ここからは、子どもの教育問題と生活問題を切り離すことなく、それらの関係構造を明らかにすること、あるいは、歴史的な観点も含めて研究視点を確立することの必要性を考えさせられる。

　子どもの教育と福祉の歴史を紐解くと、貧困をベースに諸問題が生起し、子どもの権利が侵害されている実態とそれへの対応を幾度か見ることができる。ここでは、戦前特に明治 30 年代以降に焦点を置いて、東京の 3 大貧民窟のひとつであった万年町に創設された小学校の実践を取り上げる。この学校が、当時にあって、他には見ることのない、子どもと保護者と地域の生活実態を改善し、就学を大切にした営為であったからである。

　本章では、後述するように万年小、坂本龍之輔に関する先行関連研究の到達点をふまえた上で、①子ども・保護者・地域の実態把握、②教育の目的、③教育の実践という研究視点から、坂本の学校経営の先駆性を考察したい。①については、セツルメント的活動の実施、教員による貧民窟調査活動 (貧困調査)、社会的原因ではなく個人的原因によるとみられる住民の貧困観、生命と生活の保護と教育、②については、生活改

善・道徳改善、倹約・貯蓄・勤勉の教育観、③については、養護や衛生と教育、個別やライフステージに応じたいくつかのユニークな特色ある実践、各実情にみあった家庭支援と地域支援を取り上げる。その時、単に学校という教育の側面から追究するに終わらず、福祉の側面にも及んでいるという視点に立って、教育福祉の両面に関係した歴史上の実践として再検討することを念頭に進める。学校と家庭・地域との近接化がはかられているモデル学校に相当する。

　本章のサブテーマを以上のように掲げたのは、能力保障にかかわる教育ではその発達の基盤ともいうべき生活をもっと見つめ直してとらえる必要があると考えるからである。教育と生活の乖離をできるだけなくすという視点に立つものである。

第 2 節　先行関連研究の動向

　貧民学校についての先行関連研究は、島津法行によれば、「教育史の分野を中心に、①小学校の設立および廃止過程とその社会的背景の研究、②万年小および坂本龍之輔初代校長の個別研究、③教育課程などの学校内部の解明、④学校運営の展開と地域社会の変容に関する分析であると指摘している[3]」。これまでの諸研究では、教育分野から照射した見解であり、福祉分野までを意識して掌握しきれなかったと理解できよう。

　以下、執筆年代順にまとまった文量のある主な研究の概要（章立て）をあげる。

　田中勝文は、①東京市特殊小学校設立の前提－その社会背景、②特殊小学校設立の経緯を述べている[4]。

　清水寛は、①万年小の沿革、②校長坂本龍之輔の貧困児教育観、③万年小の教育対象について、④万年小の教育方法上の特質、⑤貧困児教育の一環としての低能児のための特別学級の教育について田中の研究をふ

まえて述べている[5]。

　石島庸男は、①貧民学校設立案、②万年小の教育実践などを述べている[6]。

　加登田恵子は、①東京市特殊小学校制度の成立とその背景、②東京市特殊小学校児童の生活と労働を述べている[7]。

　田中勝文は、①東京の貧民教育問題、②東京市における貧民学校、③万年小学校と特別学級を述べている[8]。

　別役厚子は、①特殊小学校の設立背景、万年小における坂本の実践を述べている[9]。

第3節　坂本龍之輔の略歴 [10, 11]

1870.7.23	神奈川県西多摩郡西秋留村牛沼 (現東京都秋川市) に生まれる。
1887.4	神奈川県師範学校に郡長推拳生として入学する。
1891.11	同師範学校を卒業後、4つの村落の小学校に勤める。(習文尋常小学校、日新尋常高等小学校、渋谷高等小学校、開朦尋常高等小学校)
1900.10	練塀尋常高等小学校訓導に就任する。
1901.7	東京高等師範学校嘱託教師、附属第三部教授担任となる。麹町尋常高等小学校に勤める。
1903.3	万年小訓導兼校長となる。東京市学務課長の山田久作の懇請による。
1921.5	心臓病のため退職する。(19年間を万年小で勤務)
1942.3.26	ご逝去。卒業生は遺徳を偲び「龍生会」をつくる。

第4節　万年小赴任前の坂本龍之輔の活動－実践の原型－

(1) 教育への素地

　師範学校在学中は、森有礼文部大臣の時期ゆえに天皇制国家主義が教育観の底辺として形成された。坂本は持病の眼病を治療するために医師の浅水瑾太郎と出会う。浅水から教師には無理な体と宣告され、もやしのような体をつくりかえることと重なってその後の実践に命を燃やすことになったと思われる。浅水は鍼治揉按学校（現在の横浜市立盲特別支援学校の前身）を営んでおり、浅水に頼まれた坂本は盲人に体操（指を使わない隊列行進）を工夫して教えた[12]。また、その練習場に借りていた横浜市南太田町の赤門寺内にあった私立赤門小学校では、僧が不就学の子どもを対象にして貧民子弟の教育をやっていて、坂本が外出時間をその手伝いにあてていた。ここでは、浅水の人間味に惹かれることに加え、不幸な人への愛情こそが教育の原点であると悟った[13]。4年間にわたる寄宿舎生活での体験が後年の貧民教育者の素地を身につけたといえよう。

(2) 村落小学校における地域での支援[14]

　4校の経験を通して、保護者とのなれ合い的な交際や村の有力者との妥協を峻拒することで、学校の財政や管理を独立させることに努めた。学校内では、僻遠の学級の実態を無視した画一的な教育内容ではなく、子どもの学習意欲をかき立て、信頼される教師として尽力した。これまでの師範学校での指導理論では、眼前の子どもたちには効力を発揮できないこと、生活状況からして学科課程は状勢に応じて緩急適宜あるべきとしていた[15]。学校外では困窮で不就学児童の家庭説得にまわったり、「自習会」と称する通学区ごとに保護者に子どもの学びを理解してもらうことに奔走したりした。一方、教育の実用化から、危険な谷あいの通学路の改修工事、お金の価値を得させるために杉皮積み出しの労働を通

して、村落の産業興隆と実習をあわせた学校桑園経営などを行った。つまり、これらの活動は、学校を地域の一部分としてとらえ、保護者からの信頼と尊敬を得ることで学校改革を進めたのである。そして、この努力が、子どもに物の大切さや労働教育の意義を体験させ、同時に、保護者の学校への関心、協力を喚起することになったのである。

第5節　子ども・保護者・地域の実態把握

(1) セツルメント的活動と貧民窟調査活動 (貧困調査)

　セツルメントとは、もともと宗教家や学生がスラムに住み込む settle という語意である。わが国では 1897 年片山潜による東京市神田三崎町のキングスレー館 Kingsley Hall の活動を一般に始めとされる。定住を通して、住民との人格的接触を図りながら、保育・教育・医療・労働などの生活全般の援助を行い、地域の福祉をはかる生活改善運動とされる。本章では、セツルメントの端緒的形態を貧民学校設立にあたって見出すことができると評価したい。

　貧困調査は、明治 20 年代、松原岩五郎 (1892 年に万年町対象) や桜田文吾などの参与観察に始まり、明治 30 年代横山源之助の『日本之下層社会』に結実する知識人による貧困の認識へのルポルタージュがあり、もう一つ 30 年代の東京市直営の貧民学校教師たちが実施した調査活動がある [16]。前者からは、「貧民学校起こすべし」として公営の学校を設置すべきとする論をおこした [17]。後者からは、教師による生活状態の調査とともに、子どもの就学状況を詳細に調査し、不就学問題を重要な対象とした。ゆえに、貧民学校は単なる教育機関としてのみならず、生活全体にわたる子どもの保護活動 (不良少年・犯罪少年に陥ることの防止も含めて) を行った救済事業機関として、加えて、貧困の調査機関としての役割を有していたと評価できる。本章では、貧民学校を単に教育

の場としてだけでなく、地域の住民と子どもの生活を立て直すための福祉的施策の場であったことを大きな特徴として跡付けておく。

　坂本は、3ヶ月の調査（万年町界隈を歩くこと、区役所に出かけること）を通して、家庭生活そのものに解決されるべき多くの課題があると感じとっていた。貧民窟に生活する人と接することで、想定外の出会いを経験し、その中で東京市の教育行政では対応しきれないという教育課題を体得していったのである。坂本の教育観の基調には、学校設立による、この家庭生活そのものの教育（家庭改造）や道徳改善が据えられていたのである。生活環境が子どもの能力形成にかなり影響を与えることを発見していったと考えられる。

(2) 生活実態

　以上の活動や調査からは、一般社会と隔絶されたいわば社会外の社会の貧民窟においては、生きるには及ばない想像を絶する貧しさが明らかにされた。子どもにあっては、生存を脅かされていたといっても過言ではなかろう。

　戸籍がはっきりしていない子どもたちがいる。学齢簿に載っていて学校に行かないのが不就学児であるが、学齢簿にもなく戸籍も不明確な子どもがかなり多く存在したのである。保護者が寄留や出生の届出を怠っている、子どもの生年月日もわからない、従って年齢もわからない。内縁生活なのか適法結婚なのかもわからない。中には氏名すら知らぬもの、松・竹などの仮の呼び名で平気な者もいた。

　子どもたちが泥棒ごっこ、お女郎ごっこ、遊廓ごっこをして遊ぶなど道徳的知的荒廃の状況が蔓延していたのである[13, 18]。

　万年町の保護者の職業については、学校設立年の1903年を当時の『東京教育時報』によると、多い順に「人力車輓」、「職工（大工、左官、木挽）、紙屑拾、荷車」、「日雇人」、「手工業（賃仕事、籐細工、団扇ノ骨編、

笊作り、土工夫)、「空瓶買」、「古物衣商 (屑商、古衣商)」、「髪飾細工、玩具的品製造及商、行商 (魚、青物)」、「飴商」、「郵便 (新聞) 配達」、「鋳掛業、下駄ノ歯入、煎餅 (今川焼) 商」、「蝙蝠傘直シ、研師、灰買、剥貝商、馬丁」となっている[19]。万年町では、「紙屑拾いが大部分で、あとは上等の部類が人力車輓、下駄の歯入れ等であり、団扇編み、マッチの箱張が主なものとしてあげられる程度であった[20]」。

　ここでは、人力車輓、日雇、職工、商売などの雑業層が圧倒的に多く、工場労働者がまだ少数にとどまっていることを読み取ることができよう。地方からの流入人口を吸収する産業が未発達であったため、以上の職業特徴をもってして都市の下層社会に位置づけられた時勢であった[21]。

　一方、子どもたちはこのような生活状況下で暮らしていたため、「7、8歳になれば、親の生活の手助けのために、煙草工場の吹口巻き、カモジ作り、子守り、屑拾いなどさまざまな労働にしたがった[22]」。明日の生活の糧を得る子どもたちは、家庭の生計を補うために、働くことを余儀なくされ、就学の機会を奪われていたのである。子どもたちの就学率の低さは言うに及ばなかった。「学齢簿を積ましてみると、不就学児童は寂廖々・・・（中略）・・・学齢簿上の児童、何処にもなし、何時頃、如何に住ゐるしやも、架空の氏名[23]」であった。つまり、子どもの生活と教育、とりわけ労働保護と教育機会を生存の問題として投げかけていたと理解できる。

　なお、横山源之助の『日本之下層社会』によれば、「経済上の欠陥者」であるとともに、手紙を書き得ない、自己の姓名を帰し得るもの幾人あるべきということからして、「思想の欠乏者」でもあった[24]。このように、住民の低廉な所得、最低の生活水準、超過密の居住条件に加えて、衛生状態の悪さから伝染病の巣窟となったこと、犯罪の頻発によって、社会防衛的観点から社会問題化した。貧民学校は、治安対策の面を有してい

たのである。

第 6 節　教育の目的

　貧民学校の設立、学校運営にあたっては、日清戦争を契機として富国強兵を推し進めるため、就学割合を高めさせようとする国家の要請が浮かびあがってくる。義務教育を施して、兵力確保の道をつけておこうとする意図が時代の流れにあったのである。だが、貧民窟においては、他の地域に比較して就学率にかなりの差があったのである。これは、東京市当局自体が、貧児の就学を促進する方策をもたなかったというよりは貧児就学の抑制要因を放置していたということが、政策的な面からの不就学促進要因として指摘されなければならないであろう。たとえ学校に入学してもその後中途退学する児童が続出したことは大きな問題を抱え込んでいた。

　万年小が設立される経緯は、東京市が 1900 年 5 月「東宮御慶事」で教育奨励金 8 万円を「御下賜」されたことによる。御下賜金という絶対天皇制の慈恵を誇示するものとして出された金をもとにした学校事業であった。皇室慈善学校としての性格をその設立端緒においてもっていたゆえ、その教育政策は一面では公共性をもちつつも、その公共性の欠落部分に対しては慈善的施策によって遂行されるという二面性を有することになる。

　この奨励金は貧児教育にも使用されることになり、1901 年度の東京市会で「東京市特殊尋常小学校設立ノ件」を可決している[25]。その方法のひとつとして「就学児童ニハ教科用図書学用品一切ヲ貸与ス」とある。貧民学校の特徴が授業料の免除は当然のこと、教科書や教具の貸与、被服や食料の補給、学校での入浴、理髪を行っている。地域の住民と子どもの生活を立て直すための福祉的施策を行った、教育を中心とした住民

の生存の保障を行ったと評価できよう。皇恩に報いるという思想から出発しながら、現実とのリアルな対応の中で、子どもの側に立とうとした面に万年小の特徴がある。

　この資金で、「下層社会の児童を収容し特殊の設備を以て之に義務教育を施す目的[26]」から、下谷区万年小、深川区霊岸小、本所区三笠小、四谷区鮫橋小の4校に設立される。設立の原案になったのが、3ケ月に渡る貧民窟調査活動の末、東京市に提出した「貧民学校設立案」になる。万年小経営の基本方針（教育の大綱）が端的に示されている。貧民窟では生活感情や道徳も一般社会とは異なることを指摘した上で、その環境や道徳観をそのままにして文字計算を授けてもかえって「社会を毒する結果を見る」とし次の3点を述べている。万年小での実践は、後に続く貧民学校経営のモデルとしての位置にあったということができる。

　　①自主精神（独立・自活）の涵養を専らにせざるべからず。

　　②父兄の教育。

　　③学校の命数を限るべし。

　概要は以下のようである。第一に、独立自活の精神と勤労精神をさしていると考えられる。学校に工場を設けて子どもたちを生産的活動に従事させること。とにかく学校に来させるという効果を生むことをねらっている。子どもたちに賃金を得させ、無条件に就学させられない生活状態をなくすという点である。第二に、子どもの教育はむしろ父兄を教育する方策であるとしている。就学を厭ふ理由として、「収入減少、生活費の増大を恐る」「教育不必要観」「他日の要求発生を惧る」から[27]、子どもの生活環境改善のため父兄を徹底的に教育することをねらっている。第三に、貧民学校を否定するところにこの学校存立の理由はあるとしていることから、30年でこの学校を廃止すべき、つまり貧民であることの否定、貧困を根絶することが目的にこめられているのである。（子どもたちは次第に普通学校の山伏小へ転入、万年小の校舎は関東大震災で

焼失する）

　そして、寄宿舎を設置すべきという点からは学校生活のみではなく、子どもの生活全体を通しての改善をねらっている。これらの点は、万年小の置かれた地域性の複雑さ（居住環境）を解消させる目的からなされたセツルメント的活動のもたらした創見とでもいえよう。

　万年小の開校後、坂本は職員研究会を重ねて「児童取扱総則」を作り上げている[28]。

　　①教師は生徒の尊敬をかち得ざるべからず。

　　②子どもを罰してはならぬ。

　　③秩序と勤勉と正直。

　　④教えながら導くこと。

　　⑤根気くらべの覚悟が要る。

　ここには、坂本の信念ともいうべきものを感ずるが、この実践方針は今日でも違和感なく受けとれるものといえよう。ここに実践の先駆的意義を見出せる。

　また、「貧民学校職員信条」には、「栄達を思わず、真に貧民の友となり、師となることをもって畢生の天職となし得るもの[29]」と述べている。ただ、坂本自身は学級担任をしておらず、あくまでも校長という立場からの学校経営についての教育観が主として貫かれていることを断っておきたい。

第7節　教育の実践

(1)「特殊」な教育内容

　東京市の特殊尋常小学校は1903年の万年小（126名の子どもを対象）の開校を皮切りに1922年までに12校が設立されている。その特徴は次のごとくである。

①無籍、無寄籍、出生届遅怠等の都市下層社会にありがちな戸籍不備の学齢児童をも収容した。

②「恩典」として、授業料の免除、学用品の給与、貸与があったこと。

③「特別養護」と称し、診療、理髪、入浴等の衛生教育を行ったこと。

④各児童に貯金箱を備え、貯金を義務付け、倹約、貯蓄を奨励したこと。

⑤生活費補助のため、教科目に「手工」を加設したこと。

⑥午前、午後、夜間の3部制を編成して、しかも、夜間部は「学齢児童ニシテ家計補助等ノ事情ニ依リ、昼間学ニ就ク能ハサルモノ」を対象にした普通夜間部と、「未タ尋常小学校ノ教科ヲ卒ヘスシテ、昼間修学スルコト能ハサル児童ニ普通教科ヲ速成的ニ授クルヲ以テ目的トス」特殊夜学部の2つを編成したこと。

⑦夏季休業期間は日曜日等の休日を除く毎日、「運動場開放」と称して、復習授業を実施したこと。

⑧児童の出席奨励、保護者の生活指導のため、「保護者会」を組織したり、「通俗講談会」を開催したこと。

⑨卒業生を対象に補習科を設置し、また、特殊小学校後援会での学費の給与、「善行ノ表彰」、職業の紹介を行った等である[30]。

　ここには、普通学校とは大分違った総合的な学校のイメージがなされている点に気づかされる。教育対象を子どもだけでなく家庭や地域の環境を含めて総体として把握していた点が明らかである。

　なお、夜学開級に先立ち、万年町で私立小学校長の渡辺六郎の尽力があったことが一定影響している。明治20年代にかけては、この種の私立学校が数は少ないながら設立されている。下谷から浅草にかけて、多くの寺院によってつくられた学校は慈善学校と呼ばれていた。1899年には文部省訓令第12号により教育と宗教の分離が指示され宗教的慈善学校は廃止される。ただし、学校の機能をみるならば、東京市特殊尋常

小学校は宗教的慈善学校を代替するものであり、御下賜の設立経緯からいうならば、公立という名の皇室慈善学校であったとみることもできるのではなかろうか。

(2) 生活環境改善 (養護と衛生) を通して

　坂本はまずたらい3個と湯沸用の大釜をそろえて、子どもの散髪、洗濯、シラミ取りから始めている。学校内に浴場や理髪室を設け、子どもの清潔を確保していたのである。この実態を卒業生の渡辺新吉は次のように回想している。「学校にお風呂もこしらえたり、女の子で頭の毛がもじゃもじゃになっている子どもがいれば、髪をかったり櫛でとかしてやったり、あるいは汚い身なりをした子どもがいたら古着を買ってきて着せたりという具合[31]」であった。つまり、貧民窟では、学校が養護と衛生という機能をもつことが何よりも必要であって、子どもの生活を保障することが、就学を保障することの必須条件であると考えられていたのである。換言すれば、学校での教育活動が充実し学習が保障されるためには衣食住の生活状況への福祉的な支援が不可欠であったのである。学校の教育課題を広義に認識されていった過程を見出せる。

(3) 手工・裁縫を通した特別作業を通して

　労働と教育の結合である。男子には楽焼き玩具をつくるための特別手工科、女子にはレース編みをつくるための特別裁縫科を設けた。子どもは、これで日に4〜5銭はとったようである。

　当時の普通学校では手工科は必修ではなく、公教育の常識からは大きく飛躍した教育課程の改造案であったといえよう。しかし、この特別作業こそが、子どもの生活環境と社会的現実に密着しながら、創意工夫を凝らせて立案した新しい教育案であったのである。

　この特別作業の目的は、「勤勉忍耐等の習慣を養成」、「節倹貯蓄の美

風を養成」とした。また、「幾分の賃金を得しめ」ることで、「生活費の幾分を補助せしむる」、「就学をなさしめ得る」、「他日独立自営の人たらしむる基礎をつくる得べし」と記している[32]。これは先述した「東京市貧民学校設立案」の「学校には工場を附帯」を具体化したものと考えられる。賃金を得させる目的はあったにせよ、資本主義の進展の中でこれから何年か後に訪れる東京市における新たな工場労働力形成の必要という、国家の教育への期待に現実のところで応えようとした面を有していた。先に述べた養護と衛生に力を注いだのは、健康な労働者を形成する上では大きな役割が考えられていたからである。

　以上のように、勤勉、節倹、貯蓄をモットーとする独特の教育方針をとった点にも特徴があらわれているが、この教育方針は、日常生活においては児童の金銭感覚が欠落している実態を鑑みたものであった。その背景には、貧困は社会的責任ではなく、個人的責任であるとする貧困観が住民の間では現実的にはとらえられていたと指摘できよう。

(4) 障害児の特別学級を通して

　万年小で障害児を対象とした特別学級の開設は1905年から1年間であり、その後、1922年には虚弱児を対象とした保護学級を開設している。本章では前者の特別学級を取り上げたい。

　『東京市万年尋常小学校要覧』(1909年)によれば、「特別学級即低能児学級を創設して実験に着手す」とある。万年小の学校組織や教育内容が整備するにつれ、次第に子どもの質の問題が顕在化し、中途退学や落第生対策の原級留置から一歩進めて特別学級の設置に踏み切ったとされる[5]。担任は小山はなであり、坂本の練塀尋常高等小学校勤務時代の同僚であり、坂本の依頼のもと訓導となる。小山が肺結核になった後、守屋東、石川千代、山下城之らが交代で担任になっている。

　「教育機能の開鍵は被教育者の境遇及び性体質」からして、貧困と個

性・能力に求めなければならないといった坂本の教育観が特別学級開設の基盤になっていたと考えられる。極度に劣悪な生育環境からして、特別学級対象児は少なくなかったといえよう。学業成績と医師の診断から34 名を選抜している。雑誌『教育研究』第 29 号に「下谷区万年町万年尋常小学校を観る」が掲載されているが、「2 年 3 年合併の特別学級これである。・・・(中略)・・・彼等は一向列に就くべうも見えぬ。ここには腰掛に倚るもの、かしこには砂上に蹲踞するもの、ここには口論を始めつつあるもの、かしこにはなぐり合いをなせるもの等、その混雑の状態、到底尋常一様の学校生徒とも見えぬ」となっている[8]。

　教育方法として、東京市学校長会での元良勇次郎の感覚訓練の教具の考案を実施している。これは「特殊訓練」と称され、学科教授に入る前段階として位置づけられていた。それは、歩行訓練、弁別訓練、協応訓練であった。個々の能力の程度をとらえて指導し一般学級へ戻すことが目標となっていたことから、特別学級を学力遅滞児の緊急避難場所と考えていた[33]。劣悪環境のために学業不振に陥った児童、非行・悪癖・性格異常の教育困難となる児童を対象として、医学的治療を必要とするまでは至らぬ比較的障害の軽い子どもや低学力の子ども (学力不振児) を念頭に置いていたものと思われる。

　ただでさえ環境劣悪な中で、低学力・二次的障害、梅毒が要因である子どものために応じた教育を試み得たのは、彼らが犯罪の反社会的行動に陥ることへの考慮のほかに、根底的には貧児一人ひとりの個性を大切にしたり深い教育愛があったりしたからといえる。

　今日的にいえば、障害のある子どもたちの実態に即した個別の教育のあり方を模索したともいえよう。

(5) 地域一帯の教育福祉のセンター的活動を通して

　卒業生を招き表彰したりする温旧会、児童と父兄の希望にそう就職指

導から援助者を見つけての進学配慮、出征軍人家族の慰問援助のための資金募集、米騒動の際の米の廉売、幻灯会を通じて演芸活動写真上映などのいくつかの活動を行っている[6]。

　貧民窟という生活経験の狭い地域で日々暮らしている子どもたちに、精神活動の興味を喚起させるために、一般社会の地理風俗、職場等に触れさせる校外教授（弁当支給で遠足、運動会も兼ねる）、植物園の設置、植物栽培、動物飼育、標本や掛図等を豊富にしての実物あるいは直観教授、スライドや学校新聞による視聴覚教育、子弟を教育する力を持った父兄へとする「風紀団」と称する職員の校外指導や家庭訪問の重視をしている。学校が地域まるごとの活動に参画し、ダイナミックな総合的な活動を展開したと評価できよう。

　また、児童家族が入居する無料の借長屋は単に低廉な住居提供にとどまらず、無料の託児所や授産所を建てたりしていた。いわゆる福祉施設の併設なのである。さらに、学校近くに日用品を安く買える公設市場をつくったりしている。まさしく、学校と地域の生活改善の結びつきである。学校を地域の教育と福祉のセンターとする卓越した構想が見られる。

(6) 東京市特殊小学校後援会、通俗講談会を通して

　後援会定款によるとその事業内容は次のようであった。①在学児童への援助（衣料品や食料品の給与、疾病の治療、労働賃金の補助、無籍児等のための身分の訂正及び設定）、②不就学児童への援助、③幼児保育所の経営、④卒業生へのアフターケア（職業紹介、周旋、修学援助、補習、善行の表彰）となっている[34]。これは、三井・岩崎や桃中軒雲右衛門らの寄付金による民費を運用しての事業であった。保護者だけを対象にしたのではなく、保護者を超えて住民一般になされたものであることから、今日的にいえば、ライフステージにわたる支援という性質をもつものであったと評価できる。

　通俗講談会が東京市内で最初に開かれたのが 1910 年 4 月 28 日万年小学校においてであった。内務省の補助金を受けた東京市教育会主催によるが、「家庭について」「戸籍について」が第一回で講演された。万年町は環境面、特に衛生面での必要性からその後「子弟の衛生上の注意について」「台所の話」などが催され、衛生保健面の管理と技術を身につけさせる配慮がなされていた[35]。これは、貧民窟の住民が社会の規範に適応することが目指された社会教育面での普及活動であった。また、通俗講談会は、児童のみならず保護者にも目配りをし感化したもので、東京市当局が都市下層社会における社会防衛を目的とする教化策を実施するために、貧民学校の施設を利用した面があった。

第 8 節　おわりに

　当初の研究目的に即してまとめをしてみる。

　第一に、経済的な貧困をベースにして、子どもを含めた家庭の衣食住の生活が危機的状況に陥りやすい環境下に日々さらされている点である。よって、生存や生命が危ぶまれるということになる。万年小では、貧困問題から二次的に派生する児童労働、不就学、中途退学、健康阻害、学業不振（低学力）などの改善の一環として実際の教育は行われていた。万年小が開設されたのは 1903 年であった。わが国では 1900 年に制定された感化法が児童保護事業の嚆矢であるとされる。この頃から、社会問題のひとつとして児童問題が発見され、児童労働、貧困児童、無籍児童、不良児童、障害児童、虐待児童、欠食児童、病弱児童、捨て子などへの保護が徐々にではあるが行われていく。以上のような社会動向の中に万年小はじめ貧民学校の取り組みを位置づけることができるのである。ただ、貧児への救済は、恤救規則での隣保扶助や私人の慈善事業に委ねらるべきものという考えがまだまだ支配的であり、都市下層社会の住民に

対しては明治政府の積極策はなかったのである。感化法に基づく感化教育の試みがなされてはいるものの、決して十分な成果を挙げていないという状況下でもあった。それゆえに、東京市特殊尋常小学校は、公的機関が継続的な事業として貧児教育に着手し始めたもの、数少ないが児童保護政策としての性格をもたらしたものであった。専ら民間人の慈善に委ねられていた児童保護事業に、たとえ貧児の局限された領域であるにしろ、公権力が乗り出した端緒的な事業であった。すなわち、教育における公的児童救済の制度化の先駆的実践とでもいえよう。ここに、教育と福祉の繋がりの原点を理解することができる。

第二に、都市下層社会の生活を生み出した貧困の原因に関する点である。節倹・貯蓄の教育方針からして、個人的欠陥に因るもの（怠惰や無教育）が一般的にとらえられていた。貧民窟の不清潔、生活の不秩序、品性の低級、趣味の下品などは無教育が源をなしていた。

第三に、その無教育な保護者への今日的にいえば「説明と同意」を求めた点である。児童が父兄からその感化を受けることは当然であり、児童保護の出発点は、父兄の向上に努めなければならないと考えたのである。保護者を救済して生活環境を改善することこそ、児童の就学を確保し教育できる体制づくりに不可欠な取り組みであったのである。教育の程度を上げる前に、目前の児童が生活上の問題によって不就学となる状況を打開しなければならないので、児童が日々生活する環境を整備することが必要であった。稼がなければならない子どもたちを、一文にもならぬ勉強をさせるために、学校へ出す暇はないというのが貧困家庭の通念であった。児童にとっては、貧困と義務就学、児童労働と義務就学は鋭く矛盾対立するものであった。こうした中でのセツルメント的活動、貧民窟調査活動、家庭訪問は想像をはるかに超える偉業であったことは間違いない。

第四に、権利と義務を求めた点である。この地域に密着する体験を通

して、坂本は自らの考えを変革させていく。当初は、一般社会と隔絶された特異のエリヤをとらえていたわけである。しかし、だんだんと貧民窟に生きることは子どもにとっては負わされた運命であって何らの責任はない。子どもが自ら選び取ったものではない。子どもに対しては、保護育成するために自治体が教育を行う義務を負うのであり、子どもにとっては権利であるとの論理を導き出し、公費に基づく教育保障を正当化したのである。坂本は、貧民窟の子どもを隔絶された存在ではなく、社会を構成する一員とする社会観を体得したのである。まさしく子どもとその生活を見つめる中から発見されているのである。子どもたちの生活に根ざした実践を推し進め、貧民教育を慈善・慈恵としてではなく、子どもの権利・自治体の義務としてとらえた点は特筆できよう。当時にあっては、行政職や政治職に就く者の中には、戸籍のない者が多いため東京市で教育する義務はないという見解が一般的であったことから、かなり刷新した考えを打ち出したと評価できよう。義務というのは父兄にかかわるものであり、もし父兄にその負担能力を欠く場合は、公的な市町、府県、国の力で負担するものであると考えられた。

　第五に、坂本の人物評価の点である。その教師としての道程は、子どもの生活現実から出発して、その極限的ともいうべき状態に投げ出されている子どもたちの問題を、人間の生命の保護という立場から、子どもと保護者にどうしたらよいかをともに考えるという不断の努力の展開だった。坂本の行動や思想の一面に、天皇制絶対主義のイデオロギーに立つ、国家主義的教育者とみなされる面をもっていたことは否定できない。当時の社会・教育の時勢からは当然のことでもあろう。決して社会主義者ではなく素朴な国家主義者であった坂本が、臣民教育理念に対して革新的ともいえる教育権の思想にまで到達したのは、根底には人間に対する深い愛情（人間愛・正義感）があったこと、貧民の教育のために全力をあげて応えていること（教育愛・教育への献身）にあったと本章

では評しておきたい。

　万年小の歩みをふりかえると、貧児の明日の生活保障という見地から、子どもたちが培う能力形成（学力のみではなく生活解決力）を問題とし、そのために整備すべき教育の目的と教育の実践を考えていくという営為であった。貧困から生起し、生活上のさまざまな制約を被るといったこと、それを克服するための子ども・保護者・地域を支援するたゆまない努力の連続でもあったと理解しておきたい。

　今日的にいえば、生存権と教育権とは、子どもの発達への権利の主たる内容を構成するものであり、衣食住に関する基本的人権が保障されていないところでは、子どもの教育権が現実には保障される可能性はない。と同時に、子どもの教育権が奪われているところでは、その子の将来にわたって生存権の保障が危うくされるという不可分の関係を有していることを本章において結んでおく。

　最後に、今後の研究の課題についてである。ひとりは井上友一（1871年～1919年）、もうひとりは幸徳秋水（1871年～1911年）との思想的影響についてである。ともに万年小を訪問しており、井上は、内務官僚、東京府知事の経歴をもち、イギリスの東部ロンドンの貧民窟の調査をふれて坂本に依頼している、通俗講談会では資金援助をしているなどの親交がある[36]。また、幸徳は、社会主義者であり、1904年の論稿では万年小に即しつつ貧民窟に特殊小学校が必要な理由を説いている[37]。二人以外にも坂本を取り巻く関係人物と実践の展開に関する研究は皆無である。人物史研究を進めるためにも今後に着手したい。

参考文献

・中川清 (1985)『日本の都市下層』、勁草書房。

・松原岩五郎 (1988)『最暗黒の東京』、岩波文庫。

・安岡憲彦 (1999)『近代東京の下層社会－社会事業の展開－』、明石書店。

・平出鏗二郎 (2000)『東京風俗志　上』、ちくま学芸文庫。

・紀田順一郎 (2000)『東京の下層社会』、ちくま学芸文庫。

・東洋館出版社編集部 (1965)『近代日本の教育を育てた人びと　下』、東洋館出版社。

・添田知道 (1973)『ノンキ節ものがたり』、青友書房。

・井野川潔 (1982)『物語　教師の歴史』、あゆみ出版。

・佐々木直剛 (1983)『下谷浅草小学校と児童の歴史』、山田ルーム。

・土方苑子 (2002)『東京の近代小学校－「国民」教育制度の成立過程－』、東京大学出版会。

・河畠修 (2006)『福祉史を歩く－東京・明治－』、日本エディタースクール出版社。

注

1) 田中勝文（1963）「『貧民学校』史研究（1)」（日本教育学会『日本教育学会大会研究発表要項』22、p.100)。

　　田中勝文（1977）「恵まれない子ども」「働く子ども」（仲新編『日本子どもの歴史5　富国強兵下の子ども』、第一法規、pp.209 － 272)。

2) 万年小学校の開校月については、本章では「東京市立尋常小学校（貧児)」の記述を参考にした。（『社会福祉人名資料事典　第2巻』、日本図書センター、p.6)。

　　これに関して、2月5日を授業開始式、3月10日を開校式としている。（別役厚子（1995)「東京市『特殊小学校』の設立過程の検討－地域との葛藤に視点をあてて－」、教育史学会『日本の教育史学』、第38集、pp.154 － 173)。

3) 島津法行（2006）「都市下層社会における教育実践－東京市特殊尋常小学校での試み－」（地方史研究協議会『地方史研究』第56巻第2号、p.5)。

4) 田中勝文（1966）「児童保護と教育、その社会史的考察」（名古屋大學『教育學部紀要－教育学科－』、第13巻、pp.125 － 146)。

5) 清水寛（1974）「東京市下谷万年特殊小学校における貧児教育問題としての『精神薄弱』児教育について」（精神薄弱問題史研究会『精神薄弱問題史研究紀要』、第15号、pp.3 － 30)。

6) 石島庸男（1979）「明治教育者の気骨－坂本龍之輔－」（吉田昇・長尾十三二・柴田義松『日本教育史　教育学（4)』、有斐閣、pp.119 － 130)。

7) 加登田恵子（1982）「わが国における貧児教育－東京市特殊尋常小学校の成立と展開－」（日本女子大学社会福祉学科『社会福祉』、23巻、pp.85 － 103)。

8) 田中勝文（1985）「特殊小学校と障害児教育」（津曲裕次・清水寛・松矢勝宏・北沢清司『障害者教育史－社会問題としてたどる外国と日本の通史－』、川島書店、pp.194 － 200)。

9) 別役厚子（1990）「東京市万年尋常小学校における坂本龍之輔の学校経営と教育観」（東京大学『教育学部紀要』、第30巻、pp.31 － 41)。

10) 別役厚子（2019）『子どもの貧困と教師－東京市万年小学校をめぐる苦悩と葛藤－』、六花出版、p.38。本書は高知短期大学『社会科学論集』64号～70号、1993年～1996年に所収された労作である。

　　『小説教育者』と『取材ノート』の対比をしながら、翻刻していくという作業がなされている。

11)　清水寛（1988）「坂本龍之輔」（精神薄弱問題史研究会『人物でつづる障害者教育史』、日本文化科学社、pp.82 － 83）。

12)　横浜市立盲特別支援学校ホームページ（2005）「横浜市立盲学校の歴史　明治」の 1890 年 10 月に記述ある。

13)　山本龍生（1997）「坂本龍之輔」（『教育人物史話－江戸・明治・大正・昭和の教育者たち－』、日本教育新聞社、pp.177 － 179）。

14)　広田清一「小説『教育者』の考証」の中での「坂本龍之輔年譜（出生より開朦小学校まで）」に詳述がある。

15)　加賀誠一（1991）『道なきを行く－わが青春に小説教育者ありき－』、西田書店、pp.16 － 27。

16)　清川郁子（1994）「イリテラシーと『貧困調査』」（川合隆男『近代日本社会調査史（Ⅲ）』、慶應通信、pp.35 － 77）。

17)　横山源之助（1899）『日本之下層社会』、教文社（岩波文庫 1949 年初版、pp.379 － 382）。

18)　伊ケ崎暁生（1974）「権利としての教育－『教育は子どもの権利だ』－添田知道『教育者』」（『文学でつづる教育史』、民衆社、pp.136 － 159）。

19)　東京市教育会（1903）『東京教育時報』、32 号、pp.49 － 50。

20)　『風俗画報』、第 380 号（1908）、p.5。

21)　吉田久一（1954）「日本スラムの初発と地方下層社会」（『社会学評論』第 4 巻第 4 号、pp.111 － 132）。

22)　坂元忠芳（1982）「貧民学校と坂本龍之輔」（『教育の人民的発想－近代日本教育思想史研究への一視角－』、青木書店、pp.186 － 197）。

23)　前掲書 10) p.191。

24)　東京都（1967）『東京の特殊教育』pp.129 － 133。

25)　東京市（1933）「特殊尋常小学校設立ノ件」（『東京市会史　第 2 巻』、p.542）。

26)　東京府（1913）『東京府管内感化救済事業一班』、p.3。

27)　前掲書 10) p.197。

28)　添田知道（1978）『小説教育者　第 4 部どぶどろの子ら』、玉川大学出版部、pp.78 － 79。

29)　加賀誠一（1982）『未来への道標－小説『教育者』の世界－』、p.33。

30)　安岡憲彦（1982）「産業革命期の都市下層社会における『貧児』教育－東京市特殊尋常小学校の展開を具体例に－」（地方史研究協議会『日本の都

　　市と町－その歴史と現状－』、pp.263 － 281）。

31)　石戸谷哲夫・寺崎昌男・渡辺新吉（1978）「坂本龍之輔と万年小学校」
　　（浜田陽太郎・石川松太郎・寺崎昌男『近代日本教育の記録　上』、日本放送
　　出版協会、pp.242 － 262　当時の浴場や理髪室の写真が所収されている）。

32)　藤岡眞一郎（1911）「細民子弟の教育と特別作業」（『都市教育』、86 号、
　　p.15）。

33)　富岡達夫（1994）「下谷区萬年尋常小学校特別学級」（『東京の知能遅滞
　　児教育史（戦前編）序説』、大揚社、pp.60 － 76）。

34)　加登田恵子（1982）「わが国における貧児教育－東京市特殊尋常小学校
　　の成立と展開－」（日本女子大学社会福祉学科『社会福祉』、23 巻、pp.85
　　－ 103）。

35)　山本恒夫（1972）「通俗教育による国民教化の展開過程－東京市教育会主
　　催『通俗講談会』の場合－」（『近代日本都市教化史研究』、黎明書房、pp.74
　　－ 119）。

36)　前掲書 28) pp.52 － 56。

37)　江口怜（2017）「貧民学校と都市下層社会との葛藤と相克－万年尋常小
　　学校と坂本龍之輔に着目して－」（東京大学大学院教育学研究科付属学校教
　　育高度化センター『研究紀要』、2 巻、pp.31 － 63）。

小林提樹（1908 年〜 1993 年）

　障害児（者）とその家族を守るために努力を重ね、医療、家庭での介護指導、福祉制度の向上に精魂をこめてその生涯を貫いた。

　①障害児の精神衛生相談と診療にあたった、②在宅児とその家族を支援した、③重症心身障害児の入所と療育実践を行った点に特徴が見いだせよう。

　第一は、1938 年以降、慶應大学医学部で小児精神衛生相談主任となり、相談と診療にあたる。1946 年からは日本赤十字社産院小児科医長（後、部長）となり、捨て子や家庭で育てられない不幸な子、障害児を空いた病棟で育て始める。1948 年には慶應病院と日赤病院で週 2 回ずつ障害児をみる。日赤乳児院創設とともに乳児院長を兼務、常時 20 〜 25 人の障害児が入院していた。1959 年以降、日本心身障害児協会診療所長となり、1964 年以降、巡回療育相談活動を実施し 13 都道府県に足を運び計 57 回行う。

　第二は、小林は入所の療育の機会に恵まれる重症児は一部にすぎず、在宅児への支援の必要性を実感していた。それゆえに、1956 年以降、毎月 1 回「両親の集い」を開催してこの集会に参加できない親たちに普及させるために、月刊誌『両親の集い』を主宰刊行する。この集いが発展「全国重症心身障害児（者）を守る会」となり顧問に就任している。

　第三は、重度障害児の親の島田伊三郎夫妻の訴えを契機に、1961 年に重症心身障害児施設「島田療育園」（現、島田療育センター）が開園する。園長退任までの 13 年間、重症心身障害児の療育実践に道を拓いた。

　加えて、1957 年には全国乳児院研究協議会、全国社会福祉大会など
で児童福祉法の外に置かれた障害児の存在を訴えている。1960 年には
平井信義と小児精神神経学研究会 (現、日本小児精神神経学会) を創設
して、機関誌『小児の精神と神経』を主宰した。

　1963 年には水上勉の『拝啓池田総理大臣殿』が発表され、重症児問題、
島田療育園の存在が社会的に知られるようになる。1970 年には障害児
通園事業の草分けになる。

　小林の療育思想の大きな魅力は、重症児の健康と生命を守るという考
え (生命保障) をベースにして、福祉への追求がなされていることと評
価できよう。また、第 5 の医学として重症心身障害児のための医学を独
立したものと提起した点にある。

　主著に『福祉の心』(珠真書房、1978 年) などがある。

参考文献
・小沢浩『愛することからはじめよう－小林提樹と島田療育園の歩み
　－』、2011 年、大月書店。
・小川英彦「小林提樹の『療育』思想に関する研究」(岡崎女子短期大学
　『研究紀要』、第 34 号、2001 年)。

≪医療からの支え≫

第 5 章

ハンセン病隔離に抗した孤高の医僧
小笠原登の活動と先行研究の検討

第1節　はじめに

　小笠原登 (1888 年～ 1970 年) は、愛知県海部郡甚目寺村 (現在あま市甚目寺町) にある真宗大谷派の圓周寺に生まれ、自己の医学的知見にもとづき、患者を守ろうとした稀有な医師であった。医師でありながら、仏教と福祉にも従事した点から、医療・仏教・福祉をリンクさせた人物として、本章では取り上げたい。

　近代日本では、特定の病者が国家により法的に差別・迫害されてきた。その象徴がハンセン病である。当時、世人は「汚く恐ろしい病気で日本民族の血も汚す悪病」と忌み嫌っていた。わが国の患者隔離政策は、1907 年に制定された「癩予防ニ関スル件」で始まる。恐ろしい伝染病と誤解され、ハンセン病対策では、医学的根拠が明示されることもなく、優生思想と治安対策を理由として、「無らい県運動」が愛知県を最初にして全国に展開された。患者は住み慣れた故郷に終生戻ることができない療養所に強制隔離され、地域社会すなわち近隣住民に患者の存在の摘発を強いられたのである。戦後、日本国憲法の下でも続けられ、患者本人とその家族が受けた未曾有の人権侵害は今日になっても回復していないと言っても過言ではない。

　本章では、第一に、当時の国策にも左右されず、医者でもあり通院治療や退院を認める入院治療を継続、本堂の縁での治療・仏教福祉の活動にも専念した小笠原の生涯をふりかえって、その日常臨床経験にもとづく科学的先見性とヒューマニズムを明らかにして、ハンセン病が歴史の闇に消えていくことのないように、人権や人間の尊厳を重視するために、小笠原の活動への評価をまとめる。

　第二に、これまでに小笠原を対象とした研究、並びにその関連する研究について、整理することを目的とする。それらの研究の要旨を記述することで、先行研究の動向を一定まとめてみたい。

第 2 節　ハンセン病の科学的理解

　ハンセン病は、「らい（癩）菌」に感染することで起こる病気である。

　ノルウェーのアルマウェル・ハンセン医師が 1873 年に発見したことにちなんでこの病名がつけられた。かつては「らい（癩）病」と呼ばれていた。今日では、差別用語につながるので発見者の名前を使っている。

　「らい（癩）菌」は感染力が弱く、非常にうつりにくい病気であり、発病には個人の免疫力や衛生状態、栄養事情などが関係し、たとえ感染しても発症するとは限らず、今では発症自体が稀である。また、万が一発症しても、急激に症状が進むことはない。初期症状は、皮膚と知覚麻痺である。

　治療薬がない時代には顔や手足に変形を起こすことや、治っても重い後遺症を残すことがあった。そのために、主に外見が大きな理由となって偏見や差別の対象となってきた。現在では有効な治療薬が開発され、早期に発見し、適切な治療を行えば、後遺症を残すことなく治るようになった。もちろん、遺伝病でもなく、感染しても隔離する必要はない。

第 3 節　小笠原の略歴 [1,2,3]

1888 年　愛知県海部郡甚目寺村の圓周寺の三男として出生（7 月 10 日
　　　　　生まれ）[4]

1915 年　京都帝国大学医学部卒業、同大学副手（薬物学）

1923 年　京都帝国大学癩特別研究所でハンセン病の診療・研究

1925 年　医学博士の学位を受ける

1926 年　皮膚病学黴毒学教室第 5 診察室でハンセン病の診察を担当

1931 年　「癩に関する三つの迷信」を『診断と治療』（第 18 巻第 11 号別

冊）に発表　隔離政策を批判

1934 年　長島愛生園をはじめて訪問

1938 年　同医学部皮膚科特別研究室主任

1941 年　同研究室の助教授（1948 年まで）

　　　　「癩は不治ではない」を『中外日報』に発表

　　　　「癩ト体質トノ関係」に関し光田健輔らと第 15 回日本らい学
　　　　会において論争

1948 年　京都大学退職（在職中に約 1,500 人を外来治療）

　　　　国立豊橋病院皮膚科医長に転出（1955 年退職）官舎の自室で
　　　　も治療

1952 年　この前後法律上、病院での外来治療が難しいため、生家に集
　　　　まる患者へのひそかな診療・一晩泊めていっしょに食事（週
　　　　末には圓周寺と豊橋との往復）

1957 年　国立らい療養所奄美和光園医官に転出（1966 年退職）

1960 年　藤楓協会より救癩功労者として表彰

1966 年　勲四等旭日小綬章

1970 年　圓周寺において急性肺炎でご逝去（12 月 12 日　享年 82 歳）

第 4 節　本章での小笠原の活動の特徴

　本章では、以下の点において小笠原の評価をしていくこととする。その活動が大正デモクラシーから軍国主義への転換期に相当し、非民主的な政策がまかり通っていた時代、大和民族の純潔を守るという当時の軍国主義の中でなされた点に注意すべきであると強調したい。ただ、同世代の革新的思想家に比較すると、小笠原は既成道徳的な保守的思想の持ち主であったともいえよう。

　ハンセン病患者とその家族の盾となっていたと言うべきであろう。権

威を求めず、権威におもねらず、孤高を恐れず、自己の学問と信仰に殉じた生涯であったと評価できよう。隔離政策、断種を批判、患者の立場にたった治療を終生おこなった。1931 年に「三つの迷信」を『診療と治療』（第 18 巻第 11 号別冊、pp.1474 ～ 1478）に発表し、不治、遺伝、強力な感染力は迷信としたことで当時の学会に国賊と迫害、糾弾される。前年の 1930 年内務省は癩根絶計画を公表、それにもとづいて 1931 年に「らい予防法」を制定し、愛生園開設・癩予防協会が設立され、患者の強制隔離が始まった年にあたる。この時代の流れに立ち向かう信念を貫き通した生涯であり、小笠原の内面の強さを力説しておきたい。現今の社会科学的な福祉理念とは無縁の時代にあって、患者から学び、現場から教えを乞うという謙虚な姿勢をとり続けていた。今日的にいえば、在宅福祉、地域福祉への正しい方向づけを示していると評価できよう。

　1941 年に「体質説」を発表し、感染しても発病は個人の体質に大きく左右されると説くが、生前の小笠原への世間の評価は低いものであった。京都大学でも助教授のままで退官しているが、医学史の視点からみれば、その学説は全く正しかったのである。自らの科学的良心を社会的良心と等質のものとして考えていた。加えて、小笠原自身が独、佛、ラテン語にも通じていて、専門のハンセン病関係の文献収集にも熱意をもっていて、そうした文献を日夜精読して患者の治療に日々生かされた並々ならぬ陰の努力があったのである。ハンセン病の研究と治療に全うしたのである。

　小笠原の医療を支えた背景・治療動機には、ハンセン病患者が集まる寺に生まれたこと、仏教への信仰が厚かったこと、幕末から明治初頭にかけて漢方医であった祖父の治療を通じて、ハンセン病の感染力は弱く、遺伝性はないと確信していたことがあげられる[5]。その求道者的生涯を全うしたといえよう。また、生命への畏敬の念をもった反隔離の実践的先駆者でもあった。

　患者の手記によると、たとえば、①巡査に収容に応じるよう追い立てられた。②自分の歩く後を噴霧器で消毒された。③隣家も消毒されたため、転居するしかなかったとある[6]。人の自由を奪い、一生社会で活動できないように隔離拘束するだけの医学的根拠があるのかどうかを人権という立場から議論すべきことを投げかけている。長年にわたるハンセン病問題の核心は、わが国の社会が少数者の人権というものを本当に考えていなかったということではなかろうか。人権というのは、自分の人権のことだけではなく、他者の人権が自分と同じように守られているかを考えるのが、本当に人権を考えるということではないかと思われる。誰も患者の人権に疑問をもたなかったということが、ハンセン病問題における真の問題点だったのではなかろうか。「自分さえよければいいという甘えの構造がある[7]」ことを見落とせない。

第5節　小笠原に関する主な先行研究の検討（執筆・発表年代順）

　先行研究の中には、研究動向を整理しまとめたものもあるが、下記に整理したように、蒐集していくと、小笠原本人に関する論述と小笠原関係周辺に関する論述を対象にしてけっこう本数があることが今回の調査によって明らかになった。

　本章では、以下に論文と著書についての要旨をまとめ記述することに留め、改めて諸研究の成果をもとにして、「わが国のハンセン病問題の諸相の中での小笠原の果たした役割」について指摘したいと考えている。ハンセン病に関しては、わが国に限っても余りにも膨大な資料がある。本章はその前提となる作業で第一報の位置づけであることを断っておきたい。

【　論文　】

〔1〕「反隔離主義の先駆的実践者・小笠原登」[8]

　小笠原の先見性に注目して、わが国において最初に報告された論文である。日本社会福祉学会（1975年）において、社会思想史の中で絶対隔離主義全盛期によく孤塁を守って屈することのなかったその求道者的生涯は、衷心よりの敬意に値するものといえまいかと高く評した。光田健輔と小笠原の対立軸を内容とする。特に、後者では、「体質説」と通院施設中心主義、「治癒説」と終生隔離施設反対、「健病不二」と人権尊重の3点より主張されている。

〔2〕「愛知県に於ける『癩』関係文献目録（稿）」[9]

　ハンセン病の多発地ともいわれた愛知県における同病に関する研究や動向を戦前（1945年）までの医学関係雑誌等から調査したものである。合計101本の関係論文が紹介されている。最初の記載は1895年を待たなければならない。明治期は公立の医学校に比して、民間の好生館病院の方がこの病気への対応が強かったようにみえる。昭和に入り全国で癩の療養所が整備されるに従い、この地における治療・研究論文は減少していく。その一方で、『関西医界時報』における記事をみると、隔離政策や無癩運動等の癩に対する愛知県における当時の意識・対応が読み取れる。なお、島岡は、「小笠原登関係文献目録」として、著書・関係文献202点を採録。2000年8月作成、未発表、真宗大谷派同和対策本部等へ提供している。

〔3〕「小笠原登とハンセン病政策」[10]

　大谷藤郎、和泉眞蔵、藤野豊の3名の証言、著作からハンセン病政策史における小笠原の位置づけを概観している。小笠原の主張を、①医学的立場、②宗教的立場、③人権の立場から取り上げている。

〔4〕「近代におけるハンセン病治療と病理観－小笠原登の場合－」[11]

　ハンセン病の病理観に焦点を置き、近代の医療思想のひずみを文化史的に探ることを目的に論じている。わが国近代のハンセン病対策は、明治期の外国人の手による救癩事業の反省から始まった。その国辱感は、時代とともに、ハンセン病を劣勢の病気として位置づけ、国民からみえなくさせるため隔離主義を推進していくことになる。みえなくなった病気は、社会により恐怖心を与え、大正・昭和を経て現代まで一貫するハンセン病観として定着していく。一方、医者であり仏教僧であった小笠原の時代潮流と対峙する行動と、開放的な治療主義、体質・感受性による発症原因論、健病一如思想などをみることで、ハンセン病の本質を検証した。病に対する社会の認識と病そのものの、大きな乖離をみることができたのである。ハンセン病は、まさに社会がなした病なのであった。

〔5〕「ハンセン病強制隔離政策に果たした各界の役割と責任 (2)」[12]

　宗教新聞である『中外日報』において、隔離に抗する主張を展開しているにも関わらず、真宗大谷派は小笠原学説に反対する見解表明であり、大谷派の出身であった小笠原登との接点はなかった。

〔6〕「ハンセン病患者強制隔離と治療についての情報に関する一考察
　　　－市民・看護関係者として－」[13]

　伝えられた情報として光田健輔、小川正子を、治療する情報は伝えられずとして小笠原を取り上げている。ハンセン病に関する事実と情報一覧を略年表化している。

〔7〕「小笠原登－特にハンセン病に関する博士の先見性について－」[14]

　療養所の入所中の患者からは、光田グループを「療養所派」、小笠原グループを「大学派」とも呼ばれていたようである。光田健輔と政府が推進したハンセン病患者絶対隔離政策、ハンセン病患者強制収容に抗し

た小笠原の孤独な闘い、小笠原の遺志を継いだ大谷藤郎、和泉眞蔵が「らい予防法」の廃止運動及び「らい予防法」違憲国家賠償請求訴訟等での働きをまとめている。

〔8〕「ハンセン病と小笠原登博士」[15]

　郷土の偉人について、小学生の女の子ノノンちゃんとそのお母さんの二人の目を通して、子ども向けように作成した小冊子である。ハンセン病とは、ハンセン病の歴史、小笠原の伝記(らいを病む人に捧げた 40 年)などを紹介している。

〔9〕「光田健輔と『回春病室』という記憶－設置時期はなぜ明言されなかったのか？－」[16]

　東京市養育院の回春病室のこれまでの設置時期は 1899 年という説であったが、①正しい時期の検証、②誤った時期の流布に至った光田健輔の証言の混乱についての原因を分析した。資料との照合から 1901 年か 1902 年のどちらかにあたると結論づけている。

〔10〕「日本のハンセン病強制隔離政策と光田健輔」[17]

　ハンセン病とはどのような病気かに続いて、日本のハンセン病政策と光田健輔、光田健輔のハンセン病絶対隔離思想を支援した小川正子と神谷美恵子の活動を紹介している。

〔11〕「仏教社会福祉の固有性についての一考察－小笠原登の反隔離主義から学ぶこと－」[18]

　①僧侶としての小笠原、②小笠原と兄・秀實、そして三浦大我、③明治末から昭和戦前期の仏教界、④癩学会後の小笠原について述べている。小笠原の持説「健病不二」は、仏教的世界観から出ているが、患者の人権尊重や反隔離、反差別の基本精神となるものである。真宗僧小笠原の

生涯の仕事の間に示された人生に対する真実さであると評している。と同時に、小笠原を無視することで、ハンセン病隔離政策を批判し得なかった伝統仏教教団の驚くべき鈍感さを訴えている。

〔12〕「第11回仏教福祉シンポジウム　仏教と人権－ハンセン病をめぐって－」[19]

　仏教の観点から福祉を考えている。服部正の『福祉の論理－小笠原登の生涯－』の一節を紹介している。また、小笠原は、ハンセン病患者の生活の全体性を見通した上で、人権・人格を尊重し、通院治療生活における自立と自律に配慮して、互いに対等な人間関係を構築していったとする、人間的なとらえ方、決して人間としての患者から視点がずれていないことと論じている。

〔13〕「仏教者の生き方から学ぶこと－ハンセン病隔離反対主義者・小笠原登を通して－」[20]

　①ハンセン病小史、②小笠原の闘いから述べている。特に、真宗の教えを開いた親鸞の生き方に反映されていたこと、親鸞の生き方を信じて、自分の考えはいつか受け入れられると思っていたこと、仏教者の生き方が世の中を少しは変えて、意義ある歴史を残すことと結んでいる。

〔14〕「ハンセン病隔離主義批判と社会福祉研究の動向－服部正による小笠原登再評価をめぐって－」[21]

　ハンセン病の隔離批判の立場の論文を紹介した上で、社会福祉研究における小笠原と光田健輔に対する評価のあり方を比較することによって、社会福祉研究におけるハンセン病隔離政策への認識の問題点を明確にすべきと主張している。その先駆的な社会福祉研究として、服部正の研究を例示している。

〔15〕「医学の歴史から学ぶ－らい予防法にみる人権問題－」[22]

高校生を対象にした講座である。①ハンセン病の医学、②らい予防法の廃止、③ＷＨＯによるハンセン病制圧計画、④ハンセン病につくした対照的な二人などを紹介している。

〔16〕「優生保護下で生まれたハンセン病患者の子どもたち－その人物史的考察のための予備的研究－」[23]

ハンセン病療養所奄美和光園において、優生保護法下に生まれた子どもたちが存在していて、患者の出産が可能となっていた。小笠原と大西基四夫（第7代和光園園長）についてふれているが、後者の大西の妻は光田健輔の娘であったこと、小笠原に対して礼を尽くした。

〔17〕「不安に立つ－ハンセン病絶対隔離に抗した小笠原登」[24]

基調講演では、①小笠原の生涯、②小笠原との出会い、③小笠原のハンセン病観、④小笠原を検証する現代的意義について論じている。特に、病者の幸福を第一に考え、国策と理論・実践両面でたたかった医師、戦争の時代、国策の誤りを指摘し、学問・研究の自由を実践した研究者・大学人、病者の人権を尊重するため、病者の精神を慰安した宗教者と意義づけている。パネルディスカッションも行われた。

〔18〕「第15回日本癩学会総会における小笠原登―圓周寺所蔵『小笠原登関係文書』の分析 (1)」[25]

①『中外日報』『朝日新聞（大阪）』紙上における論争、②第15回日本癩学会における論争を取り上げている。ここでは、筆者自身が圓周寺に保存されている「小笠原関係文書」を検討した結果、小笠原の医療実践についてそれまでの考えに変わって、絶対隔離政策の枠内にあったので

はないかという仮説をもつようになったと提起している。

〔19〕「小笠原登とハンセン病患者　1941 年－ 1942 年　－圓周寺所
　　　蔵『小笠原登関係文書』の分析 (2) －」[26]
　1941 年から 1942 年の「小笠原登関係文書」を通して、京都帝国大学
医学部附属医院皮膚科特別研究室における小笠原の分析をしている。小
笠原が強く反対したのは、治療をおろそかにして隔離のみを実施する国
立療養所の医師たちの姿勢であり、すべての患者とその家族の生活と人
生を奪う絶対隔離という政策であった。

〔20〕「昭和 30 年代を中心に捉えたハンセン病問題とは－光田健輔
　　　が想定した療養所生活と社会復帰を目指す療養所入所者たち
　　　－」[27]
　昭和 30 年代という時代を中心に、長島愛生園という共同体を経験し
た人々について、当時を知る数少ない貴重な語り部や、懸命に生き抜い
てきた入所者と医療関係者の記録をもとに述べている。

〔21〕「ハンセン病隔離政策は何だったのか」[28]
　ハンセン病隔離政策は、そのスタートから分かりにくいものであった。
そこにはいくつかの矛盾や問題があった。絶対隔離という建前によって
見えなくされてきた軽快退園 (所) や一時帰省による退所者、また逃走
者などの実態を明らかにしていく必要があると説く。

〔22〕「小笠原登とハンセン病患者　1943 年－ 1944 年　圓周寺所蔵
　　　『小笠原登関係文書』の分析 (3) －」[29]
　1943 年から 1944 年の「小笠原登関係文書」を通して、①悪化する戦
局と皮膚科特研、②国立療養所と皮膚科特研、③無癩県運動と皮膚科特

研から述べている。小笠原が、いかに国家からの弾圧を受けないように考慮し、その上で、ハンセン病患者の生活と人権を守るために苦闘したかを明らかにしている。

〔23〕「小笠原登のハンセン病絶対隔離政策とのたたかい－圓周寺所
　　　蔵『小笠原登関係文書』の分析（4・小括）－」[30]

1941年から1944年の「小笠原関係論文」を通しての研究内容の総括である。皮膚科特研の院内隔離と国公立療養所の隔離とは全く異なる形態とし、強制労働や強制断種・堕胎がなされないだけでなく、患者を治癒させようとする医療が実施され、小笠原が許せば、患者の外出や一時帰省、治癒と判断されれば退院も許されていたと結んでいる。

〔24〕「ハンセン病絶対隔離政策に抵抗した医療実践の研究」[31]

小笠原は、癩予防法を遵守する姿勢を鮮明にし、その中で、皮膚科特研への患者収容を維持し、それをもって国公立療養所への隔離から患者を守り得た。また、課題として、小笠原医療時一線の背景に浄土真宗の信仰を見い出すことを述べている。

【　著書　】

〔25〕『郷土研究』、№9，10、11[32]

長尾英彦による「救ライに捧げた四十年　小笠原登博士の生涯（上）（中）（下）」が所収されている。

〔26〕『甚目寺むかしばなし』[33]

第11話「ライを病む人に捧げた四十年」が所収されている。

〔27〕『思想の科学』、№ 62[34]

　八木康敞による「小笠原登事始」が所収されている。

〔28〕『小笠原秀実・登－尾張本草学の系譜－』[35]

　第 2 部「小笠原登とハンセン病治療」の中で、第 5 章「小笠原登のらい病観」、第 6 章「『小島の春』と光田健輔」、第 7 章「第十五回日本らい学会」、第 8 章「小笠原登を継ぐ人々」が所収されている。

〔29〕『ハンセン病・資料館・小笠原登』[36]

　第Ⅰ部「ハンセン病と私」　1、ハンセン病差別と闘う　2、いのち願い　第Ⅱ部「ハンセン病の歴史に『人間』を問う」　1、「高松宮記念ハンセン病資料館」落成まで　2、なぜハンセン病の歴史を問うのかが所収されている。

〔30〕『山口県地方史研究』、第 73 号[37]

　杉山博昭による「郷土の人物をどう教えるか－『夢へのその一歩　光田健輔物語』に寄せて－」が所収されている。

〔31〕『らい予防法廃止の歴史－愛は打ち克ち城壁崩れ陥ちぬ－』[38]

　第二部に「4、1941（昭和 16）年第 15 回日本らい学会にて－国賊扱いされた小笠原登博士－」が所収されている。

〔32〕『「いのち」の近代化－「民族浄化」の名のもとに迫害されたハンセン病患者－』[39]

　Ⅳの第 5 章「小笠原登のたたかい」の中で、小笠原との出会い、画期的だったハンセン病観、隔離・断種との対決、矮小化された論争、隔離は「確定された方針」、「罪万死に価す」、ファシズム下学問統制の犠牲

が所収されている。

〔33〕『小笠原登－ハンセン病強制隔離に抗した生涯－』[40]

　小笠原と大谷派、小笠原の生涯と思想、小笠原の医療思想、大谷派光明会の設立とその役割、小笠原先生の思い出、小笠原を育んだ人たち、インタビュー小笠原先生の診察を受けて、資料 (小笠原年譜、小笠原著作文献目録、癩に関する三つの迷信) が所収されている。

〔34〕『知っていますか？ハンセン病と人権　一問一答』[41]

　問 6 で「日本では隔離政策に反対した医師はいなかったのですか？」が所収されている。

〔35〕『失われた歳月　下』[42]

　第 6 部に田中文雄による「京都大学ライ治療所創設者－小笠原登博士の近況－」が所収されている。これは、『多摩』1967 年 12 月の再録である。

〔36〕『忘れられた地域史を歩く－近現代日本における差別の諸相－』[43]

　第 3 章の「四　小笠原登が生きた学問」が所収されている。

〔37〕『ハンセン病と戦後民主主義－なぜ隔離は教化されたのか－』[44]

　第 1 章の「三　「体質遺伝説」－強制断種のための隔離」が所収されている。

〔38〕『やがて私の時代が来る－小笠原登伝－』[45]

　「健病一如」「京大特研」「小笠原 ＶＳ 光田」「小笠原、射殺さる」「やがて私の時代が来る」「奄美和光園」「無縁仏」が所収されている。

〔39〕『ひかりの足跡－ハンセン病・精神障害とわが師わが友－』[46]

「生涯の師・小笠原登と兄の哲学者・秀実兄弟」「ハンセン病の歴史と小笠原登・秀実兄弟の思想（対談）」が所収されている。

〔40〕『愛知が生んだ「知の巨人」たち』[47]

Ⅱ　「小笠原登－ハンセン病に関する博士の先見性について－」の中で、光田健輔と政府が推進したハンセン病患者絶対隔離政策、強制収容に抗した小笠原の孤独な闘い、らい予防法廃止と違憲賠償請求訴訟に向けての闘いが所収されている。

〔41〕『孤高のハンセン病医師－小笠原登日記を読む－』[48]

「序　小笠原登日記の史料的意義」「第1章　絶対隔離推進者との論争」「第2章　戦時下の皮膚科特研」「第3章　戦局のなかの皮膚科特研」「第4章　小笠原登を支えたひとびと」「第5章　京都帝国大学が生んだ小笠原登と異なるハンセン病研究」「第6章　国立豊橋病院における小笠原登」「終章　小笠原を現代に問う」が所収されている。

第6節　主な先行研究（論文、著書）の特徴のまとめ　　　　－研究のこれまでとこれから－

　第一に、研究の多くは、ハンセン病の病気そのものとらえ方と小笠原と光田健輔の論争に関するものが多い。

　第二に、仏教（真宗）との関係から小笠原の思想を取り上げているものがある。

　第三に、ハンセン病をめぐる患者と国の裁判の過程に関するものが出てくる。らい予防法の廃止をめぐる展開である。

　第四に、愛知（甚目寺町）という郷土史の観点から偉人として取り上

げているものがみられる。さらに、伝記調として著述されているものも
みられる。

　第五に、圓周寺に保存されている「小笠原登関係文書」を検討するこ
とで新たな点を見い出そうとするものである。

　本章では、第一報として医療・仏教・福祉といった三位一体の考えが
リンクしていた点に関心があった。それゆえに、今後第二報では、医療
福祉や仏教福祉の思想史の中で、小笠原登を位置づけ、その果たした役
割、先駆性を跡付けるという課題について論じたい。

　「歴史は繰り返される」と言われることがあるが、正しい・真実の見方、
科学的な見解は優先されて当然であると考えられよう。それゆえに、繰
り返してはならない部分を歴史では再確認する必要があろう。

　「襟を正す」という言葉がまさしくふさわしい、開襟の上に白衣を羽
織るといったいつものスタイルは、決して派手ではないが、謙虚な、地
道な、真面目な性格をよく表しているといえるのではなかろうか。

参考文献

・黒田日出男『境界の中世　象徴の中世』、pp.135 ～ 162、1986 年、
　東京大学出版会。

・大谷藤郎『現代のスティグマ―ハンセン病・精神病・エイズ・難病
　の艱難』、1993 年、勁草書房。

・藤野豊『日本ファシズムと医療』、1993 年、岩波書店。

・伊奈教勝『ハンセン病・隔絶四十年―人間解放へのメッセージ―』、
　1994 年、明石書店。

・藤野豊『歴史のなかの「癩者」』、1996 年、ゆみる出版。

・大谷藤郎『大谷藤郎著作集第 3 巻　精神保健福祉編上巻』、2000 年、
　フランスベッドメディカルサービス。

・菱木政晴「強制隔離に抵抗した生涯―ハンセン病医師・小笠原登の

医療思想−」（日本宗教学会『宗教研究』、第 77 巻第 4 輯 339 号、pp.381 〜 382、2004 年）。

・田中文雄『失われた歳月　上』、2005 年、皓星社。

・畑谷史代『差別とハンセン病−「柊の垣根」は今も−』、2006 年、平凡社。

・石井則久、四津里英、森修一「愛知県のハンセン病外来診療について」（『Ｊｐｎ　Ｌｅｐｒ』、80、pp.261 〜 268、2011 年）。

・無らい県運動研究会『ハンセン病絶対隔離政策と日本社会−無らい県運動の研究−』、2014 年、六花出版。

・清水寛『ハンセン病児問題史研究−国に隔離された子ら−』、2016 年、新日本出版社。

・平田勝政「1930 年代の地方優生運動と障害者の人権（第 2 報）−愛知県の検討−」（長崎大学教育学部『教育実践研究紀要』、17、pp.147 〜 154、2018 年）。

・愛知県『ハンセン病の記録−ハンセン病と共に・偏見差別のない愛知を求めて−』、pp.13 〜 24、2019 年、小冊子）。

《　附記　》

　本章では、「らい」「ライ」「癩」「ハンセン病」と各所に合った表記をしていることを断っておきたい。

注

1)　真宗大谷派宗務所出版部（東本願寺出版部）『小笠原登－ハンセン病強制隔離に抗した生涯－』ブックレット№ 10、pp.106 ～ 113、2003 年。「小笠原登年譜」のほかに pp.114 ～ 118 に「小笠原登著作文献目録」が所収されている。

　　また、京都大学医学部皮膚病特別研究施設（1971 年 12 月）には「小笠原登先生業績抄録」と「小笠原登先生略歴」が図版裏にまとめられている。この抄録は 132 本の論文のほか要約等を掲載している。

2)　大場昇『やがて私の時代が来る　小笠原登伝』、p.231 ～、2007 年、皓星社。

3)　藤野豊『孤高のハンセン病医師　小笠原登「日記」を読む』、p.16、2016 年、六花出版。

4)　「幕末の抵抗の知識人、小笠原啓実－秀実、登兄弟の祖父」（大谷藤郎『ハンセン病・資料館・小笠原登』、pp.61 ～ 62、1993 年、財団法人藤楓協会）。

　　祖父の小笠原啓實は、圓周寺の僧侶であるとともに、医師としては啓導と称した。小笠原の 1963 年の著書『漢方医学の再認識』（洋々社）の序文には「漢方医術を行い、癩病、淋病、梅毒、瘰癧、黒内症の治療を得意としていた」と祖父について記述していることから、啓導は寺内でハンセン病治療（食治療法，無塩食療法、浄血療法）と救済に従事し、簡単に感染するものでもなく、また、治癒しうるという信念をもっていたのである。祖父の姿を見ながら育った小笠原は、後に「私のやっていることは、爺さん譲りかもしれない」と語っている。（小笠原登－ＮＰＯ法人国際留学生協会／向学新聞、p.2）

　　なお、『一遍上人絵詞伝』（1299 年）第 3 巻第 1 段には、甚目寺で施行を受けるハンセン病者の図がある。黒田日出男は、萱津宿が甚目寺における非人宿（疥癩宿）の存在の可能性を示唆している。ここには、中世における非人の中核は、乞食非人、不具者、癩者たちであったと指摘されている。（黒田日出男『境界の中世　象徴の中世』、pp.135 ～ 162、1986 年、東京大学出版会）

5)　大風子は、中国の 16 世紀の薬学書『本草綱目』にハンセン病治療薬として紹介されている。熱帯地方原産の植物ダイフウシノギの種である大風子に含まれる油の内服や注射がなされた。1949 年に特効薬の「プロミン」が使用されその治療が大きく進展した。

6)　愛知県史、愛知県衛生部発行「癩の話」。

7)　「強制隔離に抗った医師」（中日新聞社説、2019 年 8 月 11 日）。

8)　服部正「反隔離主義の先駆的実践者・小笠原登」（大阪社会事業短期大学『社会問題研究』、25 号、pp.195 〜 214、1975 年）。

9)　島岡眞「愛知県に於ける『癩』関係文献目録（稿）」（名古屋大学附属図書館『研究年報』1 号、pp.41 〜 47、2003 年）。

10)　川崎愛「小笠原登とハンセン病政策」（平安女学院大学『研究年報』、第 4 号、pp.97 〜 104、2003 年）。

11)　山本正廣「近代におけるハンセン病治療と病理観－小笠原登の場合－」（佛教大学『大学院紀要』、第 32 号、pp.53 〜 69、2004 年）。

12)　「ハンセン病強制隔離政策に果たした各界の役割と責任（2）」（財団法人日弁連法務研究財団ハンセン病問題に関する検証会議『ハンセン病問題に関する検証会議最終報告書』、pp.441 〜 447、2005 年）。

13)　清水昭美「ハンセン病患者強制隔離と治療についての情報に関する一考察－市民・看護関係者として－」（15 年戦争と日本の医学医療研究会『15 年戦争と日本の医学医療研究会会誌』、第 6 巻第 2 号、pp.6 〜 10、2006 年）。

14)　小笠原眞「小笠原登－特にハンセン病に関する博士の先見性について－」（愛知学院大学文学会『愛知学院大学文学部　紀要』、第 37 号、pp.43 〜 58、2007 年）。

15)　甚目寺町人権教育調査研究委員会「ハンセン病と小笠原登博士」、pp.1 〜 36、2009 年）。

16)　平井雄一郎「光田健輔と『回春病室』という記憶－設置時期はなぜ明言されなかったのか？－」（『日本医史学雑誌』、第 55 巻第 4 号、pp.445 〜 461、2009 年）。

17)　山川基、小笠原眞、牟田泰斗「日本のハンセン病強制隔離政策と光田健輔」（就実大学・就実短期大学紀要委員会『就実論叢』、39 号、pp.145 〜 168、2009 年）。

18)　小笠原慶彰「仏教社会福祉の固有性についての一考察－小笠原登の反隔離主義から学ぶこと－」（京都光華女子大学『研究紀要』、第 47 巻、pp.55 〜 83、2009 年）。

19)　山本正廣、林田康順、牧野正直、長谷川匡俊「第 11 回仏教福祉シンポジウム　仏教と人権－ハンセン病をめぐって－」（浄土宗総合研究所『仏教福祉』、№ 12、pp.26 〜 40、2009 年）。

20)　小笠原慶彰「仏教者の生き方から学ぶこと－ハンセン病隔離反対主義者・小笠原登を通して－」（京都光華女子大学『真實心』、第 31 集、pp.177 ～ 215、2010 年）。

21)　小笠原慶彰「ハンセン病隔離主義批判と社会福祉研究の動向－服部正による小笠原登再評価をめぐって－」（京都光華女子大学『研究紀要』、第 48 巻、pp.83 ～ 104、2010 年）。

22)　加藤延夫「医学の歴史から学ぶ－らい予防法にみる人権問題－」（愛・知・みらいフォーラム『高校生夏休み国際理解教育特別講座』、pp.1 ～ 10、2012 年、あいち国際プラザ）。

23)　瀬戸口裕二「優生保護下で生まれたハンセン病患者の子どもたち－その人物史的考察のための予備的研究－」（名寄市立大学社会福祉学科『研究紀要』、創刊号、pp.23 ～ 33、2012 年）。

24)　藤野豊「不安に立つ－ハンセン病絶対隔離に抗した小笠原登」（名古屋教区宗祖親鸞聖人七百五十回御遠忌委員会『不安に立つ』、pp.34 ～ 50、基調講演、pp.51 ～ 99、パネルディスカッション、2012 年）。別に、基調講演レジュメもある。pp.82 ～ 99。

25)　藤野豊「第 15 回日本癩学会総会における小笠原登－圓周寺所蔵『小笠原登関係文書』の分析（1）」（敬和学園大学『研究紀要』、21 号、pp.43 ～ 63、2012 年）。

26)　藤野豊「小笠原登とハンセン病患者　1941 年－ 1942 年　－圓周寺所蔵『小笠原登関係文書』の分析（2）－」（敬和学園大学『研究紀要』、22 号、pp.79 ～ 96、2013 年）。

27)　和田謙一郎「昭和 30 年代を中心に捉えたハンセン病問題とは－光田健輔が想定した療養所生活と社会復帰を目指す療養所入所者たち－」（『四天王寺大学紀要』、第 56 号、pp.229 ～ 243、2013 年）。

28)　近藤祐昭「ハンセン病隔離政策は何だったのか」（『四天王寺大学大学院研究論集』、第 7 号、pp.5 ～ 18、2013 年）。

29)　藤野豊「小笠原登とハンセン病患者　1943 年－ 1944 年　圓周寺所蔵『小笠原登関係文書』の分析（3）－」（敬和学園大学『研究紀要』、23 号、pp.13 ～ 26、2014 年）。

30)　藤野豊「小笠原登のハンセン病絶対隔離政策とのたたかい－圓周寺所蔵『小笠原登関係文書』の分析（4・小括）－」（敬和学園大学『研究紀要』、24 号、pp.21 ～ 37、2015 年）。

31) 藤野豊「ハンセン病絶対隔離政策に抵抗した医療実践の研究」(科学研究費助成事業 研究成果報告書 2015 年)。

32) 愛知県郷土資料刊行会『郷土研究』№ 9、pp.40 ～ 43、№ 10、pp.44 ～ 47、№ 11、pp.44 ～ 45、1976 年。

33) 甚目寺郷土文化研究会『甚目寺むかしばなし』、pp.64 ～ 77、1978 年。

34) 思想の科学社『思想の科学』、№ 62、pp.73 ～ 80、1985 年。

35) 八木康敞『小笠原秀実・登ー尾張本草学の系譜ー』、pp.81 ～ 134、1988 年、リプロポート。

36) 大谷藤郎『ハンセン病・資料館・小笠原登』、pp.11 ～ 73、pp.77 ～ 95、1993 年、財団法人藤楓協会。

37) 山口県地方史学会『山口県地方史研究』、第 73 号、pp.38 ～ 41、1995 年。

38) 大谷藤郎『らい予防法廃止の歴史ー愛は打ち克ち城壁崩れ陥ちぬー』、pp.107 ～ 117、1996 年、勁草書房。

39) 藤野豊『「いのち」の近代化ー「民族浄化」の名のもとに迫害されたハンセン病患者ー』、pp.301 ～ 319、2001 年、かもがわ出版。

40) 真宗大谷派宗務所出版部『小笠原登ーハンセン病強制隔離に抗した生涯ー ブックレット№ 10』、pp.2 ～ 113、2003 年。

41) 神美知宏・藤野豊・牧野正直『知っていますか？ハンセン病と人権 一問一答』、pp.28 ～ 33、2005 年、解放出版社。

42) 田中文雄『失われた歳月 下』、pp.461 ～ 473、2005 年、皓星社。

43) 藤野豊『忘れられた地域史を歩くー近現代日本における差別の諸相ー』、pp.80 ～ 84、2006 年、大月書店。

44) 藤野豊『ハンセン病と戦後民主主義ーなぜ隔離は教化されたのかー』、pp.43 ～ 54、2006 年、岩波書店。

45) 大場昇『やがて私の時代が来るー小笠原登伝ー』、pp.8 ～ 213、2007 年、皓星社。

46) 大谷藤郎『ひかりの足跡ーハンセン病・精神障害とわが師わが友ー』、pp.2 ～ 41、pp.66 ～ 89、2009 年、メヂカルフレンズ社。

47) 小笠原眞『愛知が生んだ「知の巨人」たち』、pp.45 ～ 85、2010 年、風媒社。

48) 藤野豊『孤高のハンセン病医師ー小笠原登日記を読むー』、pp.1 ～ 201、2016 年、六花出版。

≪ 医療からの支え ≫

第 6 章

児童精神医学者・堀要の障害児（者）支援

第1節　はじめに

　筆者は、先に「愛知の先駆的実践者杉田直樹の『治療教育』観の変遷－戦前における主要論文の調査を通して－」を報告した。本章で対象とした堀要 (1907 年～ 1983 年) は、杉田直樹 (1887 年～ 1949 年) の一門、弟子にあたる。堀の師である杉田は、戦前の名古屋に唯一存在した精神薄弱児施設の八事少年寮の施設長 (九仁会が設立、後に昭徳会が継承) として知られる[1]。そして、堀はその共同事業者として尽力している。特に、名古屋医科大学 (後の名古屋大学医学部) の医療サイドから懸命な努力で障害児支援を行っている。杉田や堀が携わった医学界においては、まだまだ児童精神医学といった専門領域が未確立でこれから構築していく時期であった。それゆえに、愛知・名古屋という地域でこのような領域を樹立していこうとした学問的姿勢に興味をもつ。

　こうした医学的見地をベースにしながら、堀の児童精神医学思想の展開に注目すると、医学・教育・福祉の総合的なつながりを追究したことが明らかである。こうした幅広い思想に至った契機や活動としてどのようなことをしていたのかにも関心を抱く。さらに、そうした繋がりを可能にした根底的な考えがどのようなものであったかに問題意識をもつ。本章では、堀の愛知・名古屋という地域での障害児 (者) への支援を整理することからこのような研究目的を明確にしたい。

第2節　堀の略歴[2]

　　　1907 年　　　　和歌山県有田郡箕島町に生まれる
　　　1932 年　　　　名古屋医科大学卒業、名古屋医科大学精神科学教室
　　　　　　　　　　入局

1936 年	名古屋医科大学附属病院内に児童治療教育相談所の設置
	名古屋少年審判所医務嘱託
1937 年	精神薄弱児施設の八事少年寮の開設
1938 年	精神神経病学研究のためドイツに留学
	（1939 年 10 月まで）
1940 年	児童精神病学の研究嘱託
	（1947 年 3 月まで）
1950 年	名古屋大学助教授精神神経科学所属
	児童研究グループの再興
1951 年	日本保育学会理事
1960 年	日本児童精神医学会理事
1964 年	名古屋大学教授
1967 年	日本精神薄弱研究協会評議員
	日本精神神経学会総会における会長講演
1970 年	愛知県社会福祉審議会委員
1971 年	名古屋大学を定年により退職
	中央児童福祉審議会委員
1972 年	国立特殊教育総合研究所運営委員
	日本福祉大学教授（1979 年からの 4 年は学監）
	社会福祉法人あさみどりの会理事長
1975 年	名古屋市児童福祉審議会委員
1983 年	名古屋大学医学部附属病院にてご逝去
	正四位に叙される

第3節　堀の業績の時期区分

　上記の略歴に照らし合わせて、本章をまとめるにあたって堀の業績について次の4つに時期区分し、思想の展開過程を私案として提示する。ここでは、児童精神医学の発展に多大な貢献をした活動面に注目して時期を考えてみた[3]。

【第1期】
1932年以降
名古屋医科大学において、精神神経病学の学問を修めた時期。

【第2期】
1936年以降
児童治療教育相談室、名古屋少年審判所、八事少年寮において、児童の相談、治療教育の実際のフィールドに携わり児童精神科臨床の基礎を築いた時期。
ヨーロッパ中でもドイツ留学を通して児童精神医学者となっていく時期。

【第3期】
1960年以降
児童精神医学会の設立に参与し、児童精神医療を体系していく時期。

【第4期】
1972年以降
名古屋大学を退職して、名古屋市・愛知県の福祉委員を歴任して福祉の社会的活動にあたった時期。

第 4 節　堀の児童精神医学思想の形成過程

(1) 第 1 期を通して

　1907 年 7 月 23 日、開業医の 4 子次男として和歌山県に生まれた。1925 年 4 月に現名古屋大学医学部の前々身愛知県立医科大学予科に入学した。2 学期にひどい衝心脚気になり自宅療養となり、俳句に没頭する時期があった。古希の句集『こしたか』には、1937 年頃より作句への情熱が薄れたようであり、「生涯に賭ける仕事に出会ったからである。私は日本の児童精神医学の開拓者になろうと、若気の至りではあるが決意したからである」と述懐している。さらに、俳句のほかに絵画・芸術活動にも予科時代では関心をもっている。こうした活動への意欲が堀の児童精神医学思想を豊かにしていく礎として築かれていったとみることができよう。この時期にフロイトの著書『精神分析入門』(安田徳太郎翻訳) をむさぼり読んでいたことも将来精神医学を専攻することになったひとつの要因であった。この読書への契機としては、「私は思春期における私の父への内面の反発と母への思慕の自覚」というように両親への思いの一端を覗かせている。

　1932 年、名古屋医科大学 (現名古屋大学医学部の前身) の第 1 期生卒業生であり、精神科の杉田直樹教授の門下生となった。堀によれば、この時期にビネー・シモンのメンタルテストを翻訳して日本に最初に紹介した杉田の偉業を述べている。1905 年版のビネーの紹介にあたっては三宅鑛一とされる説がある中で、杉田門弟の間では、『医学中央雑誌』第 6 巻の記述を証にして東大時代に三宅教授のもとにいた杉田を最初の紹介者としている点、三宅の智能測定法の研究の基礎文献であるビネーの原著をフランス語のできる学生を介して翻訳している点に障害児の研究史上で興味がわく[4]。

　杉田の薫陶を受けた堀は、外来診療における神経症青年の治療経験から幼児期の問題への関心を強めていた。こうした先行した治療経験が、たとえば1950年に行われた名古屋市立汐路小学校での婦人会対象にした「思春期の心理と生理」の講演[5]、加えて、同年刊行された園児から青年期にわたるカウンセリングの記録集『十字路に立つ子ら』となっている[6]。また、医局の図書室で、スイスで1934年にTramer, Mにより刊行された雑誌 "Zeitschrift fur Kinderpsychiatrie" を学び、ヨーロッパではすでに医学の一領域として児童精神医学が創始されたことを熟知していた。Homburgerの『児童期の精神病理学講義』("Vorlesungen uber Psychopathologie des Kindesalters" を身近な書としていた。ここに、児童精神医学の開拓者になろうという決意につながっている。

　1935年には、回診の際に杉田教授に「子どものことをやりたいのですが」と申し出たところ、杉田はすぐに「精神医学者が子どものことをやることは大切だが、堀君それでは飯が食えんよ」と言った。堀は「でも、まさか餓死するようなことはないでしょう」と言ったところ、「そこまで思うなら、やりたまえ」ということになった[7]。この苦労話の背景には、1927年に三田谷啓が三田谷治療教育院を創設した時に、冨士川游が後援会をつくり杉田も参加した際のたいへんな苦難状況、児玉昌が名古屋に移り城山病院初代院長時代の苦難を物語ったと思われる。

(2) 第2期を通して

　杉田は、堀のために早速、当時の小児科の坂本陽教授を誘って病院内規を作っている。外科診療棟の3階には小児科と精神科が隣接しており、両科から隣り合わせの一室ずつを出し合って、1936年4月11日から「児童治療教育相談室」を開設することになった。これこそがわが国で最初の児童精神科クリニックであった[8]。精神科では助手の堀が担当し、小児科では最初助手の詫摩武麿その後何人かが担当する体制であったため、

一人の子どもを精神科医と小児科医が診療する、精神面の検診と身体面からの検診という形をとったのである。当時、問題のある子どもが精神科外来を訪れることは稀であった。その目的は「子供ノ問題一切ノ医学的ノ相談ニ応ジ、必要ナ忠告ト治療ヘノ指示ヲ保護者ニ与ヘルコト」にあったことから、親子への支援にあったと読み取れる。さらに、「子供ノ問題ノ解決ハ、治療及ビ教育ノ綜合的処置ニマタナケレバナラナイカラ、従来カラ存立シテキル治療教育学カラソノ名ヲカリテ来テ当所ノ門標ニカカゲタノデアル」から治療と教育の両面から支援しようとすることがわかる。

　この相談室の診療実態については「名古屋帝国大学医学部児童相談所来訪児童ノ集計的観察 (其ノ 1)」として、1936 年から 1940 年までの来訪児童 747 名 (97％が 15 歳未満) が報告されている[9]。わが国の児童精神科臨床のひとつの貴重な歴史的実態を示す貴重な資料と評価できよう。その概要は、来訪児童の約 3 分の 1 は精神薄弱であったが、相談主訴は学業成績不振が 20.9％で最も多く、次いで精神発達不良 17.1％、言語障害 15.1％、悪習慣・癖 8.7％、ひきつけ 7.5％、睡眠障害 5.4％、躾困難 5.1％、夜尿 3.3％などであった。その他、健康相談 22.4％、教育相談 15.0％、身体発育不良 8.1％などであった。精神薄弱児の中でも軽度の者が多く来訪したこと、精神薄弱児において性格の問題は治療教育上不可欠な重要な問題であると指摘している。また、「持続的ニ相談所ヲ利用シテ指導ヲウケニクル保護者ハ比較的少ナイ」と、相談しっぱなしでその後の経過に応答しない保護者への問題を提起している。

　この頃、「子どもへの精神医学はあっても、未だ子どもからの精神医学はない。子どもからの精神医学が生み出されなければならない」という開拓者への意気込みをみせている。堀が児童精神医学の独学を始めた時期になる。

　なお、児童相談室は、1945 年堀の戦争応召と同時に休室のまま経過

していたが、1950年村松が教授として着任し、村松のもとに堀も含めた児童研究グループが編成され、教室の児童部として、児童外来ももつことにより新生復活している[10]。

　開設当初の児童外来の人数については、1936年113人、1937年182人、1938年91人となっている。途中閉鎖はあったものの再開後の1953年921人、1954年1,017人、1955年1,196人と増加していることが明らかである[11]。堀は開設最初の頃であるが年間約200人の内、精神薄弱とてんかんが多く占めるものの、残りの約2分の1のその他多様な障害に興味がわいたとふりかえっている[12]。

　さらに、来訪者の中で比較的多くいた言語発達障害を主訴とした者について、代表的な事例、アンケート調査を報告しているが、言語教育の試案を示している点は教育との関係からして重要な指摘である。それは、①言語環境の構成、②言葉の必要を感じさせる、③物をいうことを強いないこと、④言葉の重要さを体験させる、⑤その他生活の上で精神衛生上の注意をくばらせる、といった諸点を挙げている[13]。

　次に名古屋少年審判所での活動について概観してみる。同審判所は1934年1月1日に旧少年法によって設置されている。開設当初から杉田が医務嘱託を受け、はじめは医局長の大野純三が補佐していたが、1937年から大野にかわって堀が医務嘱託を受けている。ここに、精神医学者が少年審判に積極的に関与するようになったことを見落とすことはできない。こうした新しい協力体制に至った大きな背景として、杉田が1922年から1924年にかけて全国感化院をまわって収容児童を調査した「全国感化院教育児童の精神医学的研究」がなされていたことを、ここでは指摘しておく。毎週1〜2回、1回3〜5名の少年を20分〜1時間半をひとりにかけての診査を行っていた。審判所の医務室で審判前の要保護少年に精神医学的検診を実施することで、杉田とともに少年法に関心をもったり、少年審判官や内勤保護司や書記官との話し合いで

刑法と少年保護の実態にふれたりした。また、この頃心理学者の宇都宮仙太郎の理論も吸収して検診をしていた[7]。1936 年から 1938 年に検診した非行少年 898 名を集計したところ、知能正常の者が 412 名（45.8％）、精神薄弱者が 473 名（52.6％）で、精神薄弱者では魯鈍 240 名、軽度痴愚 182 名であり、たいていにおいては知能欠陥のない者またはその程度が軽い者が犯罪に傾くことを指摘している[14]。審判所の開設当時は、クレペリンの精神病質論をもって非行少年の審査にあたっていた。

　次に、八事少年寮の設立経緯について概観してみる[15]。1937 年に杉田が私財を投じて設立した。当時は流行性脳炎後遺症としての性格異常をもった非行少年が多発しており、その対応では少年法でも教護法でも難しい、いわゆる "法の谷間" にいた障害児への支援として評価できよう。杉田はこうした障害児の存在を行政当局に働きかけてはいるものの何の反応もなく、田村春吉名古屋医科大学長に研究施設を要請しているが、予算的に不可能という回答を得たりしていた。

　たまたま北林貞道門弟の杉山亮が死去して、その経営していた八事精神病院の処置に困惑した杉山未亡人が杉田に相談したことに端を発する[16]。「名古屋少年審判所、愛知県社会課等から数十名の精神神経病的異常児童の保護教護の委託を受け、精神病学的専攻医師数名（名古屋医科大学精神病学教室員）、専任の教員保姆数名と共にしつつ、其の異常児童の日常生活を観察し乍ら治療教育上の必要事項を種々体験し、又医学的の診断治療等を施して[17]」開設している。開設時をめぐっては、寮を楽園の場にするのか、治療教育の場にするのかという杉田の迷い、教護院経験の教育者を主任採用し、病院付添婦経験者で保育と看護のできる者をあてている点に、単なる生活だけ、治療だけの場ではなく、医療・教育・生活を保障できることを求めていたことに特徴がある。寮の対象児の中には、「内因よりも寧ろ家庭の不和不調、貧困、遺棄、母の性格異常環境、友好の影響等の不良なる外因誘因によって、青春期の精神不

安定期にあたって不良行為を偶発せしめ」ていた者がけっこういたという環境不良要因があったため、このような三位一体型の寮を考えていたのである。性格異常、精神薄弱、てんかん、それ以外の多様な障害[18]、それと、非行といったことから、今日でいう児童自立支援施設と知的障害児施設の両機能を備えていたことを読み取ることができる。また、当時の医学界の通念として、「児童期精神作用の特異の反社会的傾向が一時的に病的に現はれることに対する医学的の諒解を欠き、適当な医学的治療教育の機関も未だ公に設けられず、・・・（中略）・・・精神変質者として不治のものと眺めている[19]」といった児童精神病学の未発達の状況打破があったのである。

　杉田は、寮で対象児と単身赴任で起居をともにする生活を行った。一方、堀と岸本の二人は近くに居を移して協力体制をとったものの、病院での臨床の多忙さと教室員の少なさがあったため、十分に仕事をすることができなかったという面もあったようである[20]。

　開設にあたって経営的な困難さについて、堀が「大学教授の給料でこんなことをやるのはたいへんなことでしょう」と話したところ、杉田は「私は大学から給料をもらっている上に、精神鑑定や原稿書きでかせがせてもらっているし著書の印税もはいった。それらは皆犯罪者や非行少年や不幸な子どもたちが種になっている。これは余分の収入で、天のものである。天のものは天にかえせ、ということがあるから、天にかえすだけ」と応答している。さらに、会費の伴わない九仁会を組織して、そのメンバーは児玉を筆頭に、方面委員の長、少年審判長、県市の民生衛生関係の課長らで構成されていた。つまり、学的でもあり実務的でもあるといった協力体制を整え、個人施設ではあるものの職務の公共性を前面に出そうとした、地域のネットワークを訴えた特質であったといえよう。社会にこういう職務が必要であるということを知らせるという目的観があったと読み取ることができる。「九仁会八事少年寮」というのが

公の施設名であって、象徴的なことがらであった。9 つの仁とは、①悩める人の貧苦を救い、②いたづく人の病を医し、③運つたなき人の不運を除き、④世に背く人の不幸をやわらげ、⑤悲しむ人の憂ひを慰さめ、⑥正しき人に悦びを与え、⑦弱き人に力を添え、⑧愚かなる人に知らざるところを教え、⑨迷える人を光明に導く、である[21]。その後の八事少年寮の施設運営にあたっては、杉田は南山大学長のパッヘ神父にも相談しているが、結局のところ近くで児童養護施設を運営していた昭徳会の鈴木修学（日本福祉大学の創始者）に引き継がれることになる。

　1954 年には、名古屋市教育委員会が八事小学校の分教室を特殊学級として八事少年寮内に設置する。このとき、堀は診断書を書く仕事に携わっている。これは、それまで就学猶予免除になっていた子どもたちが就学できることになったのである。この点について、教育権保障と発達保障いった点から発達抑制条件をできるだけ整備してやるという臨床児童精神医学の治療学の本質的な治療原則のひとつとして考えていた点は特筆できよう。障害児の治療の可能性への追求でもあった[20]。

　次に、ドイツ留学での見聞を広めた点についてみてみる。1938 年 5 月から 1939 年 8 月までの期間に、①活発化した児童精神医学の動向を知る機会となった[22]。② P.Schroder についての性格学を、W.Jaensch についての体質学を学んでいる。③学校教育、幼児教育（幼児の集団保育）の場に関与する機会を得た。④少年保護に関わる医学に重要性を認識した[23]。である。特に、①に関しては、第一次世界大戦のあとで児童問題が深刻な国民的な悩みであった。このことは、わが国においても戦後の教育基本法、児童福祉法、少年法の改正など児童問題を法整備、行政的に対応する必要性が生じ、それに、精神医学者も小児科学者も児童の社会や心理面に関心をもたざるをえないように社会状況が変化してきたことと関係していると考えられる。②に関しては、一人として同じ精神薄弱児、てんかん児はいないこと、初診時全裸にして全身をよくみると

いった人間理解の方法を広げたと言えよう。形態的体質把握と容姿（身体形態）転換の研究、つまり心身両面から子どもを診る基本的習慣を身につけることができた。そして、後の『性格学序論』（学術書院）、この内容の拡張の『医学的心理学』（医学書院）の刊行につながっている。中でも P.Schroder から「児童精神医学は子どもへの愛から始まり子どもを愛することである」と聞かされ、堀自身も「わたくしを訪れてくれる子どもとその親は、わたくしにとって最良の師である」といった人間的で謙虚な臨床家の姿勢についてふれている。③に関しては、Zeller の Gestaltwandal の追試とわが国での標準化の仕事になり、保育の実務にふれたり、小学校低学年教育の実際に応用したりするようになっている[24]。④に関しては、ドイツ留学中の最大の習得ともふりかえっているが、社会局を中心に、問題のある児童を人的資源の活用から、科学的に研究し、実際に活用するために治療教育家と医学者と行政官が協力している体制を目にしている。それと、戦後の浮浪児対策として、愛知県中央児童相談所の嘱託を勤める中で、対症療法ではなく名古屋駅から浮浪児をなくす事業につながっていると思われる[25]。

　ちょうど 1950 年には、児童相談所が臨床チームを編成して再開しているが、同僚の鷲見たえ子が Kanner の early infontil autism の疑いをもった症例（レオ・カナーのいわゆる早期幼年性自閉症の症例）を報告した際に、堀は積極的に世に公表するように促したというエピソードがある。このあたりは、わが国の児童精神医学史上で大いなる意義があったといえよう。まさしく、幼児精神病への関心をいっそう高めた学会への波紋を広げた出来事として本章では取り上げておきたい。この頃の堀の児童精神医学の思想的特徴は、医学者だけの手にあるのではなく、臨床心理や社会事業や保育教育などの「協働」こそが児童精神医学を画期的に発展させていくことに見出される。

　この期は、独学と訣別して、自称児童精神医学者となったという大き

な転換期に相当する。1956 年 10 月から 1960 年 2 月まで、静岡県立精神病院へ転出した間も教室の仕事が継続できたのは、児童精神医学に関心のある後継者が急速に増加しているといった時代になっていたことによる。京都大学の高木隆郎、大阪市大の黒丸正四郎、国立精神衛生研究所の高木四郎といった児童精神医学を志向するリーダーたちが全国各地で活動を活発にしていく時期でもあった。

　さらに、ドイツ以外では、ベルギー、フランス、スイス、オーストリアで診察場面を見たり、臨床講義を傍聴したりしている。

(3) 第 3 期を通して

　1960 年に村上仁と高木隆郎らによって、『児童精神医学とその近接領域』が創刊される。高木四郎、高木隆郎、黒丸正四郎、堀らの音頭により、日本児童精神医学会が結成される。堀は、同年名古屋大学助教授に復帰している。同学会の設立はもとより、1963 年には第 4 回児童精神医学会総会を名古屋で主催している。以後、高木隆郎らと近畿東海児童精神医学懇話会の春秋の定期的開催、1964 年定年退官の村松の後を継いで堀が精神科 4 代目の教授に就任している。1967 年第 64 回日本精神神経学会総会における会長講演「児童精神医学の動向」を行っている。その結びでは、「現在では欧米はすでに第IV期に入っているが、すなわち児童精神医学が独立の医学の専門分野となってきているが、日本では今第III期にある」、「児童精神医学は人類の平和を守る人格の育成に必ず貢献する」と述べている[26]。この講演、はわが国の児童精神医学の歴史を厚くすることに寄与するためという目的があった。

　1968 年から 3 年間、厚生省特別研究の自閉症研究班の班長、日本児童精神医学会の児童精神医療体系に関する委員会委員長として、「児童精神科医療に関する要望」、「委員会の中間意見」などをまとめている。ここでは児童の精神障害への施策がまだ不備なこと[27]、部門と職員構成

の整備についてまとめている[28]。1967 年には堀の還暦を記念して『児童精神医学とその近接領域』が還暦記念特集号を、1969 年には『堀教授還暦記念論文集』が名古屋大学精神医学教室から刊行されている。後年にはなるが、1978 年には第 19 回日本児童精神医学会における特別講演「これからの児童精神医学」など常に中心的立場から指導力を発揮している。

1964 年、十亀史郎によって三重県に児童精神科医療施設のあすなろ学園が設立される。この前後に十亀は堀のもとにしばしば相談に訪れているが、新しい児童治療施設の新設に同学の士への労を惜しまない堀の支援態度がみられる。

1967 年、自閉症児をもつ親の自助グループである名古屋自閉症親の会が発足している。同会に指導的立場にあったことから会の名を「つぼみの会」と命名している[29]。

この時期には、大学評議員。附属看護学校校長、附属病院医療社会事業部長の他に、日本児童精神医学会理事、日本精神薄弱研究協会評議員、日本心身医学会評議員の学会役員、さらに 1969 年には附属病院院長事務取扱も歴任している。

(4) 第 4 期を通して

1971 年、名古屋大学教授を定年退官後、1972 年からは日本福祉大学教授 (1979 年から 4 年間学監) として社会福祉を志向する学生の教育にあたる。愛知県社会福祉審議会委員、愛知県地方精神衛生審議会委員、名古屋市児童福祉審議会委員、中央児童福祉審議会委員、社会福祉法人あさみどりの会理事長、国立特殊教育総合研究所運営委員、日本精神薄弱研究協会評議員など医療・教育・福祉の各方面にわたって精力的な活躍をしている。さらに、『こどもの神経症』(1966 年)、『児童精神医学入門』(1975 年)、『精神衛生より精神保健へ』(1978 年)、『遊びの治癒力』(1978

年）などの著作を執筆している。

　特に、社会福祉の活動では、あさみどりの会の理事長として同会の障害児通園施設さわらび園の幼児とわらび福祉園の青年たち、名古屋市特殊教育の草分け時代からの援助の中で木曽駒、こがら山荘、中日サマースクールでの母親や家族相談、講演会や研修会にも力を注いでいる。加えて、名古屋市立の若杉作業所での定期健康診断にかかわっている[30]。

　以上のような生涯に亙る医学・教育・福祉に関する業績により、1978年叙勲にて勲三等旭日中綬章を叙せられた。

第5節　児童精神医学思想の特徴－今日的な障害児（者）支援との接点一

1. ドイツ留学から素地を築く

　当時のドイツの少年法での少年保護のあり方より児童福祉について、さらに、幼児教育や学校教育の実際を見聞することで、どのような実態に置かれているかといった思想的素地が養われていたと考えられる。

2. 諸活動を通して児童精神医学の提起へ

　相談室、少年審判所、八事精神病院、八事少年寮といった活動の場において、障害児の置かれた医療以外の実態をふまえた上で、学問樹立への努力をしている。そこでは、理論と実際とのリンケージがみられる。戦後の浮浪児（戦災孤児）対応への着目もしている。

3. 名古屋市教育委員会分教室を通して障害児教育の進展へ

　教師との交流をする中で、戦後の名古屋市の障害児教育の開拓に協力している。後年、養護学校義務制施行の中で教育権保障の考えを大切にしている。

4. あさみどりの会、若杉作業所、中日キャンプを通して家族・地域・生涯支援へ

　幼児期の障害児に終わらず、障害者の理解について深め、青年期・成人期にわたってみる生涯福祉の考えが醸成されてくる。さらに、保護者との面接など家族支援を行っている。地域で支援する、父親を支援するという考えがみられる。

5. 社会福祉の思想へ

　障害と発達のかかわり、発達保障といった考えの他に、精神医学の立場から社会福祉に大きな関心を寄せ、「社会福祉の究極は、社会が人間の尊厳を実現することである」と説くようになる。人間とのふれあい、生きがい、尊厳が活動と学問の目的に集約されていると考えられる。

注

1) 藤島岳「杉田直樹」（精神薄弱問題史研究会『人物でつづる障害者教育史　日本編』、pp.122-123、1988 年）。

2) 秦安雄「故堀要教授を追悼して」（日本福祉大学『研究紀要』第 62 号、pp.1-13、1984 年）。この中にまとめられている「故堀要教授年譜・著作目録」を参照とした。

3) 若林愼一郎「児童精神医学史における堀要の位置」（『こころの臨床』、第 15 巻第 2 号、pp.22-23、1996 年）。

4) 堀要「はしがき－私の歩いた児童精神医学の道－」（『児童精神医学入門』pp.1-5、1975 年、金原出版）。

5) 堀要『みんなの子　第二号』（pp.5-19、1950 年、愛知県児童福祉協会）。

6) 伊藤重平・堀要『十字路に立つ子ら』（1950 年、黎明書房）には、15 のケースに精神医学者の立場から解説をつけ加えている。

7) 堀要「わたくしの児童精神医学事始」（『児童精神医学とその近接領域』第 21 巻第 4 号、pp.248-265、1980 年）。

8) 1936 年 5 月には、吉松脩夫・村松常雄によって東京帝国大学医学部脳研究室に児童研究部がソーシャルワーカーを置いて開設されている。村松は Rockefeller Fellow としてのアメリカ留学から帰国してアメリカ流の Child Guidance Clinic とした。

　　また、1936 年には東京市京橋保健館に精神衛生相談部、1938 年には東京都立松沢病院に児童病棟が設けられている。その他、神奈川県立芹香院、九州大学、大阪大学等でも児童部が開設されている。（この各所での設立経緯については、村松常雄『精神衛生』、pp.82-83、1950 年、南山堂に詳しい。）

9) 堀要「名古屋帝国大学医学部児童相談所来訪児童ノ集計的観察（其ノ1）」（『名古屋医学会雑誌』第 58 巻第 3 号、pp.277-283、1943 年）。

10) 堀要「村松常雄先生をしのぶ」（『児童精神医学とその近接領域』第 23 巻第 2 号、pp.74-75、1982 年）。

11) 昭和 11 年度から昭和 41 年度の外来患者数が、一般外来（成人部）と児童外来（児童部）の別に掲げられている。堀要「児童精神医学の動向」（日本精神神経学会『精神神経学雑誌』第 69 巻第 9 号、p.88 の第 4 表に所収）

12) 堀要「これからの児童精神医学」（『児童精神医学とその近接領域』第 20 巻第 1 号、pp.1-29、1979 年）。

13) 堀要「児童の言語発達障碍について」（中脩三『異常児』、pp.17-32、1952

年、医学書院)。

14) 杉田直樹「精神薄弱一般論－第 41 回日本精神神経学会総会宿題報告要旨－」(『精神神経学雑誌』第 47 巻第 1 号、pp.1-24、1943 年)。

15) 八事少年寮の治療教育方法、杉田の治療教育観の変遷については、拙著『障害児教育福祉の歴史－先駆的実践者の検証－』(2014 年、三学出版)のpp.46-65 に詳しい。

16) 堀要「第 2 回　杉田直樹」(『臨床精神医学』第 10 巻、pp.501-506、1981年)。

17) 杉田直樹「異常児童と医療に就いて (家庭教育の精神的意義)」(『東京医事新誌』3117 号、pp.21-22、1939 年)。

18) 「健ちゃん」という奇妙なしぐさをする子がいたが、early infantile autismであったに違いないと述懐している。もちろん Leo Kanner が報告する以前であったことは興味深い。

19) 杉田直樹「児童精神病学を興せ」(『東京医事新誌』3065 号、pp.53-54、1938 年)。

20) 堀要「自称児童精神医学者の戦後史」(日本福祉大学『福祉大学評論』28号、pp.2-9、1980 年)。

21) 近代日本精神医療史研究会「杉田直樹と医局：『愛知県精神病院史』その6。

22) 堀要「児童精神医学の諸問題」(『精神医学』第 4 巻第 7 号、pp.3-15、1962 年)。

23) 堀要「独逸に於ける幼少年保護概要」(『少年保護』、1940 年 11 月号、pp.34-39)。

24) 若林愼一郎・石井高明・富田順・金子寿子「児童精神科臨床余話—堀要先生語録—」(『児童青年精神医学とその近接領域』第 49 巻第 1 号、pp.56-62、2008 年)。

25) 堀要「臨床ということの成り立ち」(『精神医学』第 14 巻第 5 号、pp.394-395、1972 年)。

26) 堀要「児童精神医学の動向」(日本精神神経学会『精神神経学雑誌』第 69 巻第 9 号、pp.879-892、1967 年)。

27) 堀要「児童精神科医療に関する要望」(『児童精神医学とその近接領域』第 8 巻第 5 号、pp.463-464、1967 年)。

28) 堀要「児童精神病院に関する日本児童精神医学会児童精神医療体系に関

する委員会の中間意見」(『児童精神医学とその近接領域』第 9 巻第 4 号、pp.282-283、1968 年)。

29)　「親と子の絆、仲間同士の絆を大切に歩んでいます－愛知県自閉症協会『つぼみの会』―」(月刊『ボラみみ』2011 年 4 月号) の中で、「硬いつぼみよ、何故ほころびてくれないのか。閉ざされたつぼみの中にはもうはなびらが用意されている筈なのに。」による。

30)　村上英治「我が鎮魂曲―故き先達に導かれて－」(名古屋大学教育学部紀要『教育心理学』第 34 巻 pp. ⅰ -ⅸ、1987年)。

コラム

糸賀一雄（1914 年 ～ 1968 年）

　1946 年 11 月に滋賀県大津市石山南郷町に、戦災孤児（浮浪児）と精神薄弱児を対象とした「近江学園」を創設し、園長となる。吉田久一が「戦後社会事業が創造した新しい可能性を含む人物像の代表」と評価するように、わが国の精神薄弱者と重症心身障害者福祉のために偉業を成し遂げた。

　①民間児童施設としての創設期、②公立児童福祉施設への移行期、③年長精神薄弱者施設の分化と重症心身障害者施設の分化の時期（信楽寮、あざみ寮、日向弘済学園、一麦寮）、④重症心身障害児療育施設の分化と地域福祉としての拠点としての施設づくりへの志向の時期（びわこ学園、第二びわこ学園）と 4 つの時期区分にして特徴が見い出せよう。

　その実践の中からは、障害児（者）に対する考え方は、保護的・恩恵的なものではなく、価値のあるひとりの人間であり、発達の可能性を秘めているという人間観が基礎となっている。「発達保障」「療育」といった考えが今日に引き継がれている。すべての人間に共通な発達の筋道、医学や教育と連携した地域での早期発見からフォローしていく早期療育の試みであった。

　実践の大きなトーンになっている名言が「この子らを世の光に」である。障害児（者）が人間として尊重されなければならないという考えを底流に、主体的に生きていくことができる社会変革、地域で支えるといった重要な視点を読み取ることができる。「この子らに世の光を」という憐れみ・偏見という見方ではなく、その発想の転換はまさにノーマライゼーション理念の原点であった。

　近江学園を創設するにあたっては、精神薄弱児教育に携わっていた池田太郎と田村一二との親交が大きな引き金になっていた。さらに、同学園には研究部に田中昌人、医局に岡崎英彦といった尽力者を輩出している点も見落とせない。

　今日の特別支援教育の理念に照らし合わせると、ライフステージ（生涯）にわたる支援、各発達段階に応じる支援をするために、保育、教育、福祉、医療、労働などの分野が地域で総合的になされる必要があることを先駆的に明らかにしている。

　主著に『この子らを世の光に』（柏樹社、1965 年）、『福祉の思想』（日本放送出版協会、1968 年）などがある。

参考文献
・清水寛「糸賀一雄」（精神薄弱問題史研究会『人物でつづる障害者教育史』、1988 年、日本文化科学社）。
・加藤孝正、小川英彦『基礎から学ぶ社会的養護』、2012 年、ミネルヴァ書房。

≪治療教育からの支え≫

第 7 章

ドイツ語圏の原初「治療教育学」の検討
－教育学の一領域・発達への提起－

第1節　はじめに

　特別支援教育の領域において、しばしば「治療教育学」という用語が使用される。治療教育学はドイツ語の Heilpädagogik の訳語として用いられてきた言葉であり、わが国の初期の研究書には、たとえば、榊保三郎の『異常児の病理及び教育法－教育病理及治療学－』（明治42年、1909年刊行）、川田貞次郎の『教育治療学』（昭和4年、1929年刊行）、杉田直樹の『治療教育学』（昭和10年、1935年刊行）などの著書がある。ここには、初期の障害児対応の特徴として、医学者特に精神医学者がヨーロッパの学説をわが国に紹介して、大きなインパクトを与えている経緯を見出すことができる。そして、その先駆的な事業が起こってからすでに今日に至るまでには、およそ110年の年月が経っている。

　ところで、第二次世界大戦前後の有名な教育辞典に着目して、治療教育がどのように定義されているかに注目してみる。一つは、岩波書店から出版された『教育学辞典』（1938年5月25日刊行）で、二つは、朝倉書店から出版された『教育科学辞典』（1952年1月31日刊行）である。治療教育学の性格に関して、一定検討・整理されてきた時期の見解として導いてみることにしたい。前者は奥田三郎によって、後者は村松常雄によって「治療教育学」が述べられている。

　奥田は、治療教育学とは「正常なる一般的教育方法では、効果を期待し得ないところの異常児童を対象とし、之を処置するため医学的見地を充分に取入れた教育的方法（治療教育法）を樹立するを目的とするもので、特殊教育学の一分野である」と規定している。（p.1623）一方、村松は、治療教育学とは「種々の原因による身体または精神的障碍のために、普通の教育方法では、その効果を挙げ得ることが困難な児童に対して、特に医学的に原因を明らかにし、且つその原因が心身の諸症状に適切な治療を兼ねあわせた特殊な教育」と規定している。（p.595）

　奥田も村松もともに医学者であるが、ここには、対象児への通常の教育方法とは一定違った特別な教育方法の必要性を説くことに共通性がみられる。治療教育学を「教育学の一領域」として位置づけようとする点に特徴があるといってもよかろう。治療教育学の学問的性格への言及でもある。

　本章では、こうした治療教育学の学説史的検討をして、わが国に導入されたその系統性を明らかにしていかなければならないという課題をもちつつ、まずは、ヨーロッパの治療教育学説の影響を多大に受けてきたことから、原初の治療教育学の提唱者に注目することとした。提唱者の中でも、教育学の一領域に位置づけようとした理論を取り上げてみたい。

　筆者が、治療教育学の歴史的検討をするもう一つの意図は、障害児の対応をめぐっては、しばしば教育学、医学、社会福祉学、心理学などの諸科学が、互いに連携をもって問題解決にあたらなければならないと主張されることがある。これらの学問は各々の科学としての独自性を有しているが、共通にリンクした方がより効果的といわれるのである。このリンケージすべき考えに関心を寄せるからである。とりあえず「発達保障」というキーワードに帰着するのではなかろうかという仮説を考えさせられる。対象児の発達をなおいっそう促そうとする目的のもとに、諸科学が動員されるのではないかと思うからである。ゆえに、治療教育学説の展開のなかで、「発達」が強調される理論を取り上げてみたい。

第 2 節　ゲオルゲンス（Georgens, Jan Daniel 1823 年～ 1886 年）とダインハルト（Deinhart, Heinrich Marianus 1830 年～ 1880 年）

　ゲオルゲンスは、南ドイツのバーデンのデルクハイムに生まれる。師範学校卒業後に自然と医学をテーマにした研究で学位を授与される。フ

レーベル主義への共鳴から、1850年にバーデンバーデンにフレーベル幼稚園をつくり、翌年にはフレーベルの全面的に生活に一致した家庭的ホームの創設計画に参画している。その後、ベルリンのゼーゲルトの白痴院を参観したことのある小児科医のマウシュタインから、同様な施設をウィーンに建てたらと進言され、その構想を練るためにドイツの白痴施設の視察で、ワイマールにおいてダインハルトと意気投合することになる。ダインハルトは東ドイツに生まれ、ヘーゲル思想を信奉していたが、他面フレーベル思想の支持者でもあった。

　1856年に、ウィーン郊外に「養護・教育園レヴァナ (Heilpflege-und Erziehungsanstalt Levana) という施設を創設した。レヴァナは単なる白痴院ではなく、障害児部と健体児部から成り、障害児部においては、精神的と身体的障害の著しい者、白痴、てんかん、クル病なども含まれていた。健体児部においては、3歳までの保育部、幼稚園と14歳までの普通教育を行う学校部、17歳までの課程の職業教育部から構成されていた。さらに、教員養成や医学生の実習部門も配置されていた。1858年には障害児部13人、健体児部9人の子どもたちが在籍していた。この両部においては、根底にフレーベルの教育原理と方法が取り入れられ、教育と生活にわたっての、誕生から職業教育までに至る子どもの統一的な教育という新しい実践が行われた。このレヴァナは1年後にリージング城に移転、経営上の困難から二人の意見対立が生じ、1863年に閉園という結末を迎えることとなる。

　それまでのレヴァナでの実践を総括して共著として1861年に刊行したのが『治療教育学、特に白痴と白痴施設を顧慮して』(Die Heilpädagogik mit besonder Berucksichtigung der Idiotie und Idiotenanstalten) で、ドイツで初めて「治療教育学」(Heilpädagogik) の用語を使用し、医学と協働する教育学として提起された。

　その「治療教育学」の根幹をなす考えは以下の2点に集約されよう。

　第一に、対象児は、それまでにイタールやセガンらがとらえていた白痴だけにとらわれず、精神と身体面における障害のある子どもたちといった広義に把握していた。健体児部からしても、心身の何らかの偏りを示す者、幼児期から青年期までといった広い年齢であった。

　第二に、治療教育の方法は、フレーベルの思想に基づくことから、遊びを重視して、その遊びによってあらゆる方面の心身の発達が促されるとした。また、遊びから意味ある作業への移行をすべきであるとした。

　この治療教育学の底流には、人間的成長が阻まれている子どもたちへの教育といった意義、さらには、損傷を受けた器官や機能を治すことではなく、それを迂回し補償する補整教育によって人間性の回復を目指すことにあった。レヴァナの実践は短期間ではあったものの、二人の創造的実践は治療教育学の樹立に大きな貢献をし、深い洞察を後世に残したと評価できよう。

第 3 節　モア（Moor,Paul 1899 年〜不詳）

　モアは、スイスに生まれる。大学時代に数学と自然科学を学び、1929 年から 1930 年にかけて、チューリッヒの治療教育学のゼミナールでハンゼルマン（Hanselmann,Heinrich 1885 年〜 1960 年）を知る。モアは 1930 年代から 50 年代にかけて、ドイツ語圏の治療教育学の理論と実践を主導したハンゼルマンとともに彼の後継者として活躍する。

　「治療教育学」の定義は、「個体的あるいは社会的要因により、発達が持続的に阻まれている子どもの教育学」「平均の程度を越えるいろいろな教育困難の全体の前に設定される教育学」からして、教育学の一領域として位置づく。その目的は、治らないものがある場合にも、教育の可能性を探し求めること、治療するということが主たる課題ではなく、むしろ、治らないものがあるにも拘らず、そうした不利な条件の下で、諸々

の課題に向かって成長させようとするのが教育本来の課題ととらえている。定義や目的からは、心身に障害があるがため、加えて社会的活動が制約されるために、発達することは困難を伴う。この困難を前提にした上で行なわれるのが「治療教育学」である。換言すれば、障害の除去や軽減よりも発達に重点を置く考えであるのが特徴である。

　対象児は、発達が阻まれている面から、①教育困難児、②精神薄弱児、③感覚欠陥児、④言語障害児と広くなっている。この分類は、ハンゼルマンの考えをほぼ同様に踏襲していると思われる。つまり、ハンゼルマンの指摘する神経病質および精神病質的素質、環境欠陥が①に、中枢神経の発達阻止が②に、感覚欠損および感覚減退（盲、ろう）が③になっている。ちなみに、ハンゼルマンは発達抑制という困難さの中で、対象児の処置を否定するのではなく、むしろ「援助」の必要性を力説した。

　発達能力が抑制されていても、廃棄されることのない子どもたちを教育する理論を体系化したと評価できよう。正常―異常のとらえ方を否定して、認知・感情・意思を関連させて人間性の全体からとらえる意義を主張した。この人間性の充実を図ることこそ「治療教育学」の中核であるという思想は、モアの「内的安定の理論」となっている。

　ところで、モアは治療教育する者の姿勢についても言及している点にも特徴がある。それは次の４点になる。①対象児をまず理解することである。②対象児の障害に対して何をなすべきかというよりも、障害のある対象児のために何をなすべきかということが大切である。③発達を阻止された対象児を教育するだけでなく、その周囲の人たちも教育しなければならない。④教育する教師も教育しなければならないが、教師は教師自身が教育するより外に仕様がない。ここには、障害を問題にするのではなく、そういう状態を示している子どもそのものを問題にしている。また、発達を阻止されている状態から発達を促進していくことにある。障害児が自己実現していく際、発達を援助する人も含めて考えるという

教育観として理解することができよう。

第4節　おわりに

　本章において、ゲオルゲンスとダインハルト、モアの「治療教育学」理論を検討することで、いくつかの共通点を読みとることができた。それは、障害という個人に帰属する場合と不利な環境、社会の下にある場合と広義にとらえている点である。加えて、人間的な成長や発達が困難な事態に置かれている子どもたちの特別な教育としている点である。ドイツ語圏における原初の「治療教育学」に流れる大きな核心部分とでもいえよう。今日の特別支援教育の源流にもどって、今一度何がポイントかを再考すると、第一に障害児の理解、第二に教育学として応じた支援方法があること、第三に子どもと教師の両者の向上があること、第四に発達面をいっそう促していくことについて確認することができた。

152

参考文献

・辻誠「近代ドイツにおける Heilpädagogik の発展」(精神薄弱問題史研究会『精神薄弱問題史研究紀要』、第 6 号、1968 年)。

・辻誠「Heilpädagogik の性格の変遷についての一考察」(淑徳大学『研究紀要』、第 3 号、1969 年)。

・小川克正「Heilpädagogik 概念の成立とその変遷 (Ⅰ)」(岐阜大学『研究報告 (人文科学)』、第 17 号、1968 年)。

・小川克正「特殊教育 (学) としての Heilpädagogik」(岐阜大学『研究報告 (人文科学)』、第 18 号、1969 年)。

・篠崎久五「心身障害児の治療教育の方法」(伊藤隆二『心身障害児教育の方法』、1972 年)。

・藤井聰尚「西ドイツの特殊教育」(辻村泰男『欧米と日本の特殊教育－その制度と現状－』、1973 年)。

・管修「治療教育学の発達の歴史」(日本精神薄弱者愛護協会『治療教育学』、1979 年)。

・松矢勝宏「ゲオルゲンス、ダインハルト」(精神薄弱問題史研究会『人物でつづる障害者教育史　世界編』、1988 年)。

・冨永光昭『ハインリッヒ・ハンゼルマンにおける治療教育思想の研究－スイス障害児教育の巨星の生涯とその思想－』、2012 年。

補　章

書評　近藤益雄の障害児（者）教育福祉実践から

書評

近藤原理 / 清水寛 = 編、城台巖 = 写真
『写真記録この子らと生きて—近藤益雄と知的障がい児の生活教育』
(日本図書センター、2009 年 6 月刊行、全 260 頁)

清水寛 / 近藤原理 = 編、城台巖 = 写真
『写真記録子どもに生きる—詩人教師・近藤益雄の生涯』
(同上、全 246 頁)

　本書は、障がい児の教育福祉に生涯をかかげ、我が国の先駆的役割を
果たした近藤益雄 (1907 年〜 1964 年) の生誕 100 年を記念して出され
たものである。没後から今日まで 45 年余近藤益雄研究をライフワーク
とされてきた清水寛、ご子息である近藤原理、1959 年から近藤益雄実
践を撮り続けてきた城台巖の 3 氏の共同作業によって出版されたもので
ある。換言すれば、明治末から現代までの近藤一家実践 100 年の歴史
写真集といっても過言ではない。

　前書の『この子らと生きて』は、1986 年に出された『写真＋詩　この
子らと生きて—近藤益雄とちえおくれの子の生活教育』(大月書店) の改
訂・増補版にあたる。この書では近藤が小学校の校長職を自ら辞し、長
崎県佐々町立口石小学校で知的障がい児のための「みどり組」の担任と
なり、さらに、「のぎく寮 (後、のぎく学園に改称)」の長になった時期
の生き生きとした実践写真と詩を中心に綴られている。

　後書の『子どもに生きる』は、第 1 部 : 幼少年期から青年期まで、第 2 部 :
戦前の教員としての歩み、第 3 部 : 戦後における教育と福祉の歩みから
構成されており、近藤の 57 年に及ぶ生涯、詩と子どもたちを愛したひ
たむきな生き方 (生活綴方教育と障害児教育福祉) を知ることができる。
そして、優れた教育福祉実践が創造された経過と背景をたどることがで

きる。

　さて、前書には清水寛の「近藤益雄の知的障がい教育の思想とその今日的意義」の論文が加筆されている。そこでは、①生命の尊厳、②発達の保障、③人権の実質的平等、④平和のための文化がキーワードとなっている。筆者は以前に近藤の歩みと功績を通して、①生命の尊厳を大切にする、②健常児、障がい児とも生きる力を育てる、③より科学的な方法や内容をもった教育実践とし、教育福祉遺産としての側面を大いにもち合わせていると評したことがある。

　今、この2冊の写真記録を通して、近藤益雄の主張・実践した教育観が、教育と福祉の関連のしかたをきわめて鋭く問うことのできる考えであって、この教育観がいかにして醸成されてきたかというプロセスをこの書は教えてくれていると思う。すなわち、近藤益雄の内在的論理の発展としての必然性についてである。巣鴨貧民街の桜楓会託児所での体験から、昭和恐慌期の貧しい農山村の小学校をふりだしにして、生活綴方教育の思想と方法に特色のある実践へ、さらに、口石小学校での障がい児学級の創設、のぎく寮の開設へとなった生涯が、現代の教育福祉問題を解決させてくれる糸口を提供してくれているのではないかと考えさせられる。筆者は、知的障がい児者への教育福祉実践における「生活と教育の結合」という視点を想起させられる。実践が障がいによってひきおこされる発達の制約や生活上の困難を解きほぐし、いっそうの発達を保障していくというプロセスへの追求でもあった。それは、まずもって、子どもの生活現実を豊かにするようなという意味で、教育福祉実践の内容と方法をとらえなおすという側面をもち合わせていた。さらに、子どもの興味・関心や意欲に寄り添いながら、現実生活に応用され実際の生活問題解決力として定着をめざすという意味で、指導をとらえていたのであった。近藤益雄の指導観においては、「生活に帰す」という視点が絶えず根底的にみえるが、生活実態や子どもの内面に即した、生きる力

や生きて働く力を育むことを求めていたのである。つまり、生活を切り拓く力、生活を考える力、生活を見通す力を形成するための実践であったと評価できよう。

　ところで、文部科学省は 2007 年 4 月から、これまでの「特殊教育」にかわって「特別支援教育」という新たな制度をスタートさせている。この特別支援教育の理念を「特別支援教育の推進について (通知)」(同年 4 月 1 日) により知ることができるが、まさしく、「ライフステージ」、「地域」、「共生」といった視点を近藤益雄の教育福祉実践の中で再確認する必要性を強く感じる。

　近藤益雄は、「のんき、こんき、げんき」という言葉を自分の実践の信条として提唱したが、「『のんき』は、精薄児教育にたずさわるものの美徳である。自信は、のんきにかまえて仕事ができるものにだけ、そだってゆくだろう。・・・『こんき』は、平凡ではあるが、そのなかに、ある調子をもって、すこしずつの変化をよろこんでゆくような日々を、うみだすこと。・・・『げんき』は、生々しい言葉や動作は、この子どもたちに快い刺激をあたえる」(『精神薄弱児研究』12 号、1959 年) としている。かつて 1975 年に明治図書から『近藤益雄著作集』(全 7 巻・補巻 1 巻) が出版されたが、この言葉はその 5 巻のタイトルになっている。詩人教師・近藤益雄は、「認可基準に達しない私立施設に公的援助はできない」といってはばからなかった当時の冷たく貧しい教育福祉政策の前に道なかばにしてこの世を去ったが、その遺志はこれからの教育福祉実践者に名言として語り継がれるものである。

　さらに、近藤益雄は、「人間のねうちを、ほんとうに平等に大切にする世の中であるならば、きっと平和がまもられるにちがいない」(『なずなの花の子ら』、1956 年) と言っているが、障がいのある子どもだけでなく、不登校児、被虐待児、情緒不安定児、外国籍児など特別なニーズのある子どもたちへの豊かな教育や福祉が保障されず、格差と貧困が広

がりつつある中、近藤益雄の実践を今一度ふりかえる時期でもある。す
べての子どもたちが隔たりなく平等となるインクルージョンが叫ばれる
ようになってきたが、近藤益雄は「ひとりのこらず、その力にふさわし
い教育をうけさせてやろう」と主張している。まさしく、無理解・偏見・
差別の中で必死に子どもたちを守っていく教育福祉実践であり、今日的
な子ども理解に相通じるものである。

　最後に、近藤益雄は昇天の現場(自室の書斎)にあったノートの中に
『石』という題で次の遺作を綴っている。「もういらないから石は家うら
にそっとうつされた　石のまわりにこけがはえた　そのおもてにもはえ
た　何年もたった　やっぱり石はそこにあった」(『教育』174号、1964
年)ここからは、筆者は〝一本のマッチの火をまもるために〟、近藤の掲
げた思想を消すことなく、広く世の人々に伝承していかなければならな
いと考えさせられる。

　家族ぐるみの苦闘を続けるものの、立ちはだかる壁は厚く、心身とも
に疲れ、享年57歳でこの世を去った近藤益雄とご子息の近藤原理の当
時の日々の苦労を物語る会話がある。それは、「(父)『風の中に一本の
マッチの火を守るがごとく』はじめたこのしごとも、十年たってしもう
たな。いつになったらゆっくり俺を休ませてくれるのだろうか。(私)『家
族のだんらん』が欲しいと思うときがあるね。やっぱり。(父)のぎく学
園の役目が終わるときは、いつだろうか。(私)誰のたのみに来なくな
る時代。いいかえると、日本の精薄者福祉行政が完全にゆきわたったと
きだろう。(父)そうした社会が理想なんだがな。(私)ぼくらが、個人
の力ギリギリいっぱいのところまでつかってやる時代は、変則なんだよ
ね。ほんとうは、個人にまかせておいて、愛だの慈善だのいう美しいコ
トバでほめられたって、実際はだましおってという気もするね。(父)
そうなると、このところ休むときなんてないだろうな。死ぬまでやり、
やらないようになったら死ぬだけだな。」(近藤原理「のぎくはちる」、『教

158

育と医学』12巻11号、1964年)1953年、自宅に知的障がい者のための
のぎく寮を開設、町から借り受けた元農学校の老朽校舎に家族と住みこ
み、昼間は障害児学級で指導し、夜は寮で起居をともにするといった、
文字通り24時間にわたる生活全体を通じての生活教育の実践に、家族
の献身的協力を得つつ打ち込んでいた様子が伝わってくるものである。

　清水寛は、前書で次の3つの「旋律」が基調として、その教育福祉実
践には流れていると結んでいるが、それは、①詩人教師としてのロマン
ティシズム(抒情性)、②社会的なヒューマニズム(多分にキリスト教
的な愛の色彩・性格の濃い人間愛)、③教育福祉の実践におけるリアリ
ズム(とくに生活綴方教育の思想と方法にもとづくところの)ものであ
るとしている。

　長年にわたって継続されてきた清水寛・近藤原理・城台巖の共同の営
為が今後の障がい児の教育と福祉に投げた波紋はかなりのものである。
本書を通じて、その輪が読者をはじめ多くの人々に広がることを大いに
期待する。

　一生涯、障がいのある人間への絶えない情熱をかたむけたその実践、
障がい児とともに考え、喜び、悲しみといった心の響き合いを通した実
践について、ヘレンケラー賞、文部大臣賞、読売文化賞、日本精神衛生
連盟賞、西日本文化賞、長崎文化賞など多くの賞を受けたその功績を改
めて確認したいものである。

参考文献
・小川英彦「知的障害児教育の先駆者：近藤益雄」(中野善達『障害者
　教育・福祉の先駆者たち』、pp.141―174、麗澤大学出版会、2006年)。
・小川英彦「知的障害教育の先達近藤益雄の学力保障に関する研究」
　(岡崎女子短期大学『研究紀要』、第36号、pp.47-53、2003年)。

参考となる図書

〈　教育分野と福祉分野における人物史　〉

☆　東洋館出版社編集部編『近代日本の教育を育てた人びと（上）（下）』、1965 年、東洋館出版社。

☆　吉田久一著『人物でつづる近代社会事業の歩み』、1971 年、全国社会福祉協議会。

☆　五味百合子編著『社会事業に生きた女性たち－その生涯としごと－』、1973 年、ドメス出版。

☆　社会事業史研究会（後、社会事業史学会）編『社会事業史研究　第 12 号』、1984 年、不二出版。

☆　千葉県社会事業史研究会／代表・長谷川匡俊編著『人物でつづる千葉県社会福祉事業のあゆみ』、1985 年、崙書房。

☆　精神薄弱問題史研究会／藤島岳、大井清吉、清水寛、津曲裕次、松矢勝宏、北沢清司編著『人物でつづる障害者教育史〈日本編〉』、1988 年、日本文化科学社。

☆　精神薄弱問題史研究会／藤島岳、大井清吉、清水寛、津曲裕次、松矢勝宏、北沢清司編著『人物でつづる障害者教育史〈世界編〉』、1988 年、日本文化科学社。

☆　田代国次郎、菊池正治編著『日本社会福祉人物史（上）（下）』、1989 年、相川書房。

☆　川合章著『日本の教育遺産－真実を求める教師たち－』、1993 年、新日本出版社。

☆　社会事業史研究会（後、社会事業史学会）編『社会事業史研究　第 21 号』、1993 年、大空社。

☆　山本龍生著『教育人物史話－江戸・明治・大正・昭和の教育者たち－』、1997 年、日本教育新聞社出版局。

☆　『シリーズ　福祉に生きる』、1998 年～、大空社。

☆　『社会福祉人名資料辞典　第 1 巻・第 2 巻・第 3 巻・第 4 巻』、2003 年、日本図書センター。

☆　室田保夫編著『人物でよむ近代日本社会福祉のあゆみ』、2006 年、ミネルヴァ書房。

☆　本田久市著『福祉は人なり　福島県社会福祉人物史抄』、2007 年、歴春ふくしま文庫。

☆　滋賀県教育史研究会編『近代滋賀の教育人物史』、2018 年、サンライズ出版。

☆　室田保夫編著『人物でよむ社会福祉の思想と理論』、2010 年、ミネルヴァ書房。

☆　小川英彦著『障害児教育福祉の歴史－先駆的実践者の検証－』、2014 年、三学出版。

あとがき

　本書は、保育、教育、福祉、医療、心理といったそれぞれの専門領域における障害児支援を先駆的、献身的に実践をおこなったパイオニストを取り上げてみた。

　そこでは、時代は変わっても求めようとした姿勢があることに気づかされる。それは、障害のある子どもたちの諸能力の全体的な発達をはかろうとする考えである。発達をより一層促すために、医療をベースに、教育と福祉の繋がり、地域で支える、ライフステージで支える、職員間の協働などの総合的な、相互的な結びつきが一層必要とされている点である。

　連携の仕方が問われていることになり、こうした共通に存在しなければならない特質、それは「発達保障」「幸福追求」というキーワードがリンケージさせているように考えさせられた。

　特殊教育から特別支援教育へと制度の転換期になったのは 2007 年である。対象児拡大、幼小中の連携、共生などの新しい理念のもと、障害児教育のあり方が問われつつある。それゆえに、上記で述べたことと併せて先駆的実践者の取り組みを今一度、確認し検討する意義は大いにあろう。

　障害児教育福祉は歴史的営為であって、現在の仕組みを創造できた源には、貴重な開拓的な実践があったからである。時代を超えて示される人間の支援、教育・福祉・医療のもつ意義について、再度深く見つめ直すことも必要であろう。

　筆者は、約 40 年の間、一歩ずつではあるが障害児教育福祉史の研究を継続することができた。ささやかな研究の軌跡しかないが、一応、歴史とは過去との対話を通した未来への遺産継承の営みであると考えている。それゆえに、先駆的実践者の記録が、過去と現在を、さらに現代と

将来を結ぶ架け橋になっているといえよう。

　歴史が、どの学問分野においても基礎として重要視されていることは周知のことである。障害児教育福祉においても、現状を分析し、評価し、今後の展望を構築していくためには、過去の経緯に熟知することは不可欠のことと思われる。

　本書では、第1章から第7章に加えて、コラムを3つ掲げた。ここでは、保育、福祉、医療で尽力した人物を選択した。コラムを通して保育、福祉、医療の見方や歴史についての新しい視点を提起しているものと思われるので紹介した。詳細の内容は拙稿を記しておいた。別の機会になろうが参考にしていただけたら幸いである。そして、書評並びに教育分野と福祉分野での人物に関しての参考となる図書もまとめておいた。各章末にはさらなる研究の発展のために参考文献や引用文献を挙げておいた。

　それぞれの時代で、まだあげなければならない人物がいることは十分に承知している。本書は、いわば分厚い鉱脈のほんの先端、障害児教育福祉遺産の断片にふれたにすぎない。また、記述形式の上でも、統一がとれているとは限らない。今後の課題としたい。

　末尾になったが、筆者を歴史研究へと道をひらいてくださった愛知教育大学大学院時代の恩師であった故田中勝文先生の研究と教育への厳しさと優しさがあったからこそ、今日まで研究を行うことができた。

　そして、現在は社会事業史学会、日本特殊教育学会、愛知社会福祉研究会、かつて存在していた精神薄弱問題史研究会、精神薄弱者施設史研究会という学びの場で多くの先輩と後輩との交流があったことを附記しておきたい。感謝の気持ちでいっぱいである。

　三学出版からはこれまでに以下の拙著を刊行させていただいた。
・『障害児教育福祉の歴史－先駆的実践者の検証－』(2014年)
・『障害児教育福祉史の記録－アーカイブスの活用へ－』(2016年)
・『障害児教育福祉の地域史－名古屋・愛知を対象に－』(2018年)

・『障害児教育福祉の通史－名古屋の学校・施設の歩み－』(2019 年)

・『障害児教育福祉史の資料集成－戦前の劣等児・精神薄弱児教育－』
　(2020 年)

　順に各書のキーワードは、「人物」「記録」「地域」「通史」「集成」であった。刊行できたのは、中桐和弥様の支えがあったからである。

　2021 年 3 月には、出身大学である愛知教育大学を定年退職する予定である。長年お世話になった母校への感謝と関係のあった先生方にこの場を借りてお礼申し上げる。

　「夢」－障害児の教育と福祉の新たな開拓をいつまでも心に留めておきたい。

愛知教育大学教授　　小川英彦

初出一覧

　本書を刊行するにあたって、以下に過去に発表した拠り所としている
論文を記しておく。

第 1 章

　本章は書下ろしである。

第 2 章

　「先人の授業実践記録との対話」(障害児の教授学研究会編『アクティ
ブ・ラーニング時代の実践をひらく　障害児の教授学』、pp.170 〜 182、
2019 年、福村出版)。

第 3 章

　「特別支援教育担当教師の専門性向上− 1970 年代から 80 年代の民間
教育研究団体から学ぶ−」(愛知教育大学幼児教育講座『幼児教育研究』、
第 20 号、pp.19 〜 26、2019 年)。

第 4 章

　本章は書下ろしである。

第 5 章

　本章は書下ろしである。

第 6 章

　「児童精神医学者・堀要の障害児者支援」(至学館大学『教育研究』、
第 21 号、pp.1 〜 11、2019 年)。

第 7 章

　田中勝文・小川英彦ら「治療教育学説史の研究 (1) －ヨッロッパにおける治療教育学説－」(愛知教育大学特殊教育教室『特殊教育学論集』、pp.88 ～ 109、1982 年) 。

補章

　書評「写真記録この子らと生きて－近藤益雄と知的障がい児の生活教育」／「写真記録子どもに生きる－詩人教師・近藤益雄の生涯」(日本社会福祉学会中部部会『中部社会福祉学研究』、創刊号、pp.57 ～ 59、2010 年) 。

事項・人物索引

小川 英彦 障害児教育福祉史シリーズ

〈2014 年 5 月刊行〉

障害児教育福祉の歴史
― 先駆的実践者の検証 ―

　　障害児の教育と福祉分野における人物史研究である。
　　明治期から昭和期にかけてより広範な時期を対象にして各々の実践が生み出される社会背景や成立要因、実践の根本的な思想を明確にしようとした。また歴史研究において何よりも大切な資料の発掘を行った。
　　①石井亮一、②小林佐源治、③杉田直樹、④近藤益雄、⑤小林提樹、⑥三木安正の 6 人の先駆的実践者を研究対象とした。

ISBN 978 − 4 − 903520 − 87 − 2　C 3036　A 5 判　並製　129 頁　本体 1800 円

〈2016 年 12 月刊行〉

障害児教育福祉史の記録
― アーカイブスの活用へ ―

　　障害児の教育と福祉の両分野を対象にして重要と思われる資料の発掘、整理、保存を行った。
　　副題にもなっているとおり、アーカイブスとして未来に伝達し活用されることを目的とした。後世の研究発展の一助になればという思いがある。
　　戦前における障害者福祉文献整理や障害児保育文献整理などを所収した。

ISBN 978 − 4 − 908877 − 05 − 6　C 3036　A 5 判　並製　197 頁　本体 2300 円

〈2018 年 8 月刊行〉

障害児教育福祉の地域史

― 名古屋・愛知を対象に ―

　名古屋・愛知という地域での実践の歩みを追究した。

　先行研究の一覧、文献目録、年表等の資料を数多く含んでいる。戦前・戦後の連続性、実践の根底に貧困問題があること、児童福祉法制定の精神の貫徹等、実践の特徴を明らかにすることができた。

　名古屋市個別學級、愛知県児童研究所、八事少年寮、戦後初期の精神薄弱児学級などを研究対象とした。

ＩＳＢＮ 978 － 4 － 908877 － 22 － 3　Ｃ 3036　Ａ 5 判　並製　141 頁　本体 2300 円

〈2019 年 3 月刊行〉

障害児教育福祉の通史

― 名古屋の学校・施設の歩み ―

　ある特定の時代に限定するのではなく、全時代にわたって時代の流れを追って書かいた通史である。

　国の施策・行政動向の中での名古屋の位置づけ、名古屋ならではの実践の特徴、障害児（者）のライフステージを意識した視点を大切にしたいという思いで執筆した。①明治・大正を通して（萌芽）、② 1950 年代以降を通して（展開）、③ 1970 年代以降を通して（拡充）、④ 2000 年代以降を通して（展望）、という時期区分により記述している。

　名古屋を中心に残存している資料の発掘、保存に努め、それを整理・総括している。

ＩＳＢＮ 978 － 4 － 908877 － 23 － 0　Ｃ 3036　Ａ 5 判　並製　156 頁　本体 2300 円

〈2020年3月刊行〉

障害児教育福祉の資料集成

― 戦前の劣等児・精神薄弱児教育 ―

◎戦前における劣等児・精神薄弱児教育の歩みを地域別に (県や市ごとに) 集成した資料

◎各学校 (学級) の歴史や教育理念、実践などが詳細に記述され、障害児教育を総合的に、系統的にとらえる上での必須の資料

◎戦前の精神薄弱児教育のプロセスを、成立要因・契機とともに明らかにできる資料

　近年はインクルージョンという理念が叫ばれているように、障害児に関係する地域における支援システムが構築されつつある。こうした変化をもたらしたのも、全国各地の学校 (学級) において、対象児と支援者の互いの関係が次第に積み上げられたからである。それゆえに、本書では上記の資料を、県や市ごとに代表的に実践された障害児教育の試みに注目して集成した。

　わが国の障害児教育は、「特殊教育」から「特別支援教育」へと大きく変化してきている。変化する時代であるほど、歴史を紐解き、先駆的実践者の苦労した業績に学びながら、将来を展望することが重要になってくることを、「温故知新」の意義を読者の皆様と確認できればと考えさせられる。

ＩＳＢＮ 978 − 4 − 908877 − 30 − 8　Ｃ3036　Ａ5判　並製　224頁　本体2300円

小川英彦（おがわ　ひでひこ）

1957年　名古屋市生まれ
1983年〜名古屋市立の特別支援学級、特別支援学校（教諭）
1996年〜岡崎女子短期大学（講師）
2003年〜愛知教育大学（助教授）
2006年〜同上　現在に至る（教授）
2012年〜2014年　愛知教育大学附属幼稚園（園長兼任）

歴史研究書の共著・単著
『障害者教育・福祉の先駆者たち』(共著、麗澤大学出版会、2006年)
『名古屋教育史Ⅰ　近代教育の成立と展開』(共著、名古屋市教育委員会、2013年)
『名古屋教育史Ⅱ　教育の拡充と変容』(共著、名古屋市教育委員会、2014年)
『障害児教育福祉の歴史－先駆的実践者の検証－』(単著、三学出版、2014年)
『名古屋教育史Ⅲ　名古屋の発展と新しい教育』(共著、名古屋市教育委員会、2015年)
『名古屋教育史資料編　資料でたどる名古屋の教育』(共著、名古屋市教育委員会、2016年、ＤＶＤ)
『障害児教育福祉史の記録－アーカイブスの活用へ－』(単著、三学出版、2016年)
『障害児教育福祉の地域史－名古屋・愛知を対象に－』(単著、三学出版、2018年)
『障害児教育福祉の通史－名古屋の学校・施設の歩み－』(単著、三学出版、2019年)
『障害児教育福祉史の資料集成－戦前の劣等児・精神薄弱児教育－』(単著、三学出版、2020年)

障害児教育福祉史研究発表の学会及び研究会
社会事業史学会、日本特殊教育学会、愛知社会福祉史研究会、精神薄弱問題史研究会

障害児教育福祉史の人物
——　保育・教育・福祉・医療で支える　——

2020年9月10日初版印刷
2020年9月15日初版発行

　著　者　小川英彦
　発行者　中桐十糸子
　発行所　三学出版有限会社

〒520-0835 滋賀県大津市別保3丁目3-57 別保ビル3階
TEL 077-536-5403　FAX 077-536-5404
http://sangaku.or.tv

亜細亜印刷(株)印刷・製本